바로 아는 일본문화

이 저서는 2014년도 전북대학교 저술장려 연구비 지원에 의하여 연구되었음

바로 아는 일본문화

| 머리말 |

오늘날 우리는 텔레비전이나 인터넷 등 여러 가지 매체를 통해서 일본문화에 대한 정보를 쉽게 얻을 수 있다. 하지만 그러한 매체들을 통해 얻게 되는 일본문화에 관한 정보들은 일반적으로 편중된 테마와 단편적인 지식에 치중된 경향이 있다. 한 나라의 문화에 관심을 갖고 그 내면에 숨겨진 본질을 파악하기 위해서는 다양한 시각과 깊이 있는 정보가 동반되어야 할 것이다. 따라서 본 교재는 일본문화의 다양성과 독창성을 이해하기 위해 전통과 현대를 아우르는 테마를 선정하고, 이를 체계적으로 개괄하였다.

본 교재는 일본문화를 이해하는데 중요하다고 생각되는 12가지 분야로 이루어져 있다. 각 장은 독립적이기 때문에 어느 장부터 읽어도 흥미롭고 쉽게 읽혀지도록 구성하였다. 또한 본 교재는 가능한 객관적인 입장에서 기술하고, 최신의 자료를 제시하고자 노력하였다. 이를 위해 집필진은 기존의 일본문화 연구서를 검토하며 논의를 거듭하였고, 보다 최신의 데이터를 제시하기 위해 국내외의 자료를 검색하는데 많은 시간을 할애하였다.

본 교재는 기존의 일본문화 개설서에서는 찾아보기 힘든 일본인들의 정신세계에 대한 특징을 양립형문화라는 키워드를 통해 설명하고 있으며, 이와 관련된 신도와 불교를 비롯한 종교문화에 대해서도 구체적인 데이터를 제시하며 개괄하고 있다. 또한 전통적인 일본문화의 형성과정과 그 배경을 이해하기 위해 일본의 역사에 대해서도 상세히 서술하였다. 더불어 일본문화의 현주소를 파악하기 위해 일본 기업의 유명 브랜드와 캐릭터, 그리고 세계 속에서 활약한 일본인들에 대해서도 살펴보았다. 마지막으로 한일문화의 공통점과 차이점에 주목하여 비교문화론적인 관점에서 기술하고자 노력하였다.

각 장에는 일본문화의 현장감을 살리기 위한 사진과 도표가 첨부되었으며, 전문용어에 대해서는 각주를 달아 보충 설명하였다. 그리고 주요 인명이나 지명, 또는 고유명사에 대해서는 일본어 발음 표기와 더불어 한자 및 가나를 병기하여, 독자들의 일본어 학습적인 측면도 배려하였다.

본 교재는 이제 막 일본문화에 관심을 갖기 시작한 초심자부터 기존의 일본문화 개설서를 학습한 독자에 이르기까지 모든 학습자들을 대상으로 한다. 초심자는 본 교재에서 객관적인 지표와 더불어 제시되는 일본문화에 관한 기초정보를 개괄적으로 이해하고, 기존의 학습자는 심층적인 테마를 다루고 있는 장에 주목한다면 보다 효과적인 학습이 가능할 것이다. 이와 같이 알기 쉬우면서도 실용적으로 구성된 본 교재는 대학의 교육현장에서 활용되는 한편, 일본문화를 독학으로 공부하고자하는 학습자에게도 큰 도움이 될 수 있을 것이다.

끝으로 이 책을 만드는데 도움을 주신 아오모리 쓰요시 교수님과 전북대학교 출판문화원 관계자들께 깊은 감사의 말씀을 드린다.

저자일동

| 목차 |

제1장 일본의 개요

1. 일본의 명칭
2. 일본의 면적과 인구
3. 일본의 지역구분
4. 자연과 재해

Ⅰ. 일본의 명칭

일본은 일본열도 및 그 주변의 섬들을 영토로 하는 나라이다. 일본이라는 국호는 태양숭배와 관련된 명칭으로 중앙집권적인 지배체제가 성립된 7세기말 경부터 그 사용 기록이 나타난다. 일본이라는 명칭 자체가 중국대륙 및 한반도에서 바라볼 때 「해가 뜨는 곳에 가까이 있는 나라」라는 의미로, 다분히 주변국을 의식하여 지어진 이름이라는 것을 알 수 있다.

니혼바시

닛폰바시

한자로는 「日本」으로 표기하며 「닛폰」과 「니혼」의 두 가지 발음으로 읽히지만 어느쪽도 일본정부에 의해 공식적인 발음으로 정해진 바는 없다. 일례로 「일본교日本橋」라는 동명의 교각의 경우, 도쿄 소재의 교각은 「니혼바시」, 오오사카 소재의 교각은 「닛폰바시」로 읽는다. 다만 관습적으로 일본의 화폐나 우표, 혹은 여권이나 스포츠의 국제대회 등 국가를 대표하는 경우에는 「NIPPON」으로 표기 · 발음되며, 그 외의 일상생활에서는 「NIHON」으로 발음하는 것이 보통이다.

만엔권

일본이라는 명칭이 성립되기 이전까지는 왜倭, 또는 왜국倭国이라는 명칭으로 불려졌으나, 「왜」가 어떠한 지리적 범위 혹은 계통적 범위를 가진 집단이었는지는 명확한 역사적 기록이 남아있지 않다. 가장 오래된 기록으로는 기원전 1세기에 쓰여진 『한서漢書』의 「지리지地理誌」에 「왜」라는 국명이 등장하며, 100여개의 작은 소국으로 이루어진 나라로 소개되고 있다. 또한 3세기말에 쓰여진 『삼국지三国志』의 「위지왜인전魏志倭人伝」에는 야마타이국邪馬台国의 히미코卑弥呼라는 신녀가 일본열도의 28개의 소국을 통괄하는 지도자가 되었다는 기록이 있다. 『일본서기日本書紀』에 의하면 야마토라고 불리는 세력이 고대의 「왜」를 통일하고, 중국에서 유입된 「왜倭」라는 한자를 빌어 「야마토」라고 읽었으나 후에 야마토의 한자표기를 「왜」에서 「일본日本」으로 변경한 것으로 되어있다. 영어의 공식 표기는 「JAPAN」이며, 프랑스어로는 「JAPON」, 이탈리아어로는 「GIAPPONE」등으로 표기되나, 이러한 명칭들은 고대 중국의 특정지방에서 일본을 「지팡구(ZIPANGU 또는 JIPANGU)」로 발음한데서 유래한 것으로 추정된다.

우표

2. 일본의 면적과 인구

일본의 국토 면적은 약 38만㎢로, 한반도의 1.8배, 남한의 약 4배에 달한다. 전 세계 232개국의 국가 중 62번째(한국: 102위)로, 결코 작지 않은 면적이지만, 산악지형이 국토의 많은 부분을 차지하고 경작면적이 한정되어 있는 관계로 많은 일본국민이 「작은 섬나라」라는 인식을 가지고 있다.

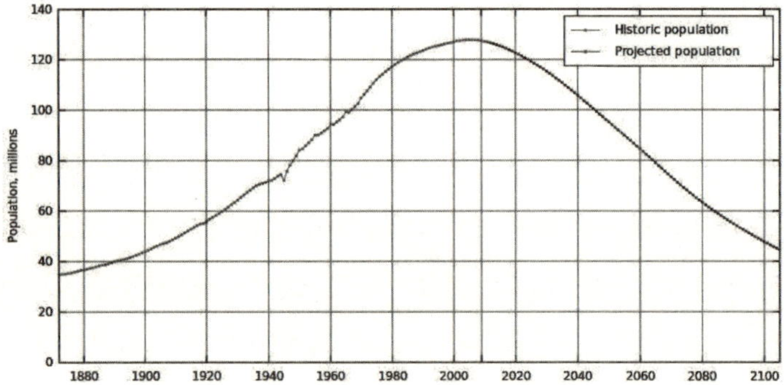

인구그래프

인구는 약 1억 2600만명으로 세계 10위권에 해당하지만(日本経済新聞, 2012) 인구의 고령화, 저출산 등의 영향으로 2005년을 고점으로 현재까지 점차 감소하는 추세를 보이고 있다.

일본은 해발 3000미터가 넘는 산이 21개나 있으며, 그 중 후지산富士山이 3776m(한라산: 1950m)로 가장 높다. 후지산 이외에도 기타다케

北岳(3193m), 오쿠호타카다케奥穂高岳(3190m), 아이노다케間ノ岳(3189m), 야리가타케槍ヶ岳(3180m) 등의 산들이 있고, 이들 대부분의 산은 혼슈本州의 중부지방에 위치한 「일본알프스日本アルプス」로 불리는 산맥에 밀집해 있다.

후지산

기타다케

오쿠호타카다케

아이노다케

국토의 약 3분의 2가 산림으로 평야가 적고 천연자원이 풍부하지 못하다. 열악한 국토 환경을 극복하고 한발 앞서 서양의 문화를 유입하여 아시아에서는 가장 먼저 근대화를 이루는 성과를 거두었다. 그러나 근대화의 과정에서 급속하게 국가주의로 기울어져 한반도의 식민지화, 중국대륙의 침략, 태평양전쟁을 일으키는 등의 역사적으로 많은 「부負의 유산」을 남기기도 하였다. 패전 후 전후민주주의 체제 하에서 눈부신 경제발전을 이룩하여 1964

년에 도쿄올림픽을 개최하는 등 단시간에 다시 선진국으로 도약하는데 성공하였다. 그러나 1980년대 후반의 버블경제 붕괴이후 만성적인 경제침체를 경험하고 있으며, 중국과 한국 등 주변국가와의 관계에 있어서도 역사청산 문제, 영토문제 등의 숙제를 해결하지 못한 채 현재에 이르고 있다.

3. 일본의 지역구분

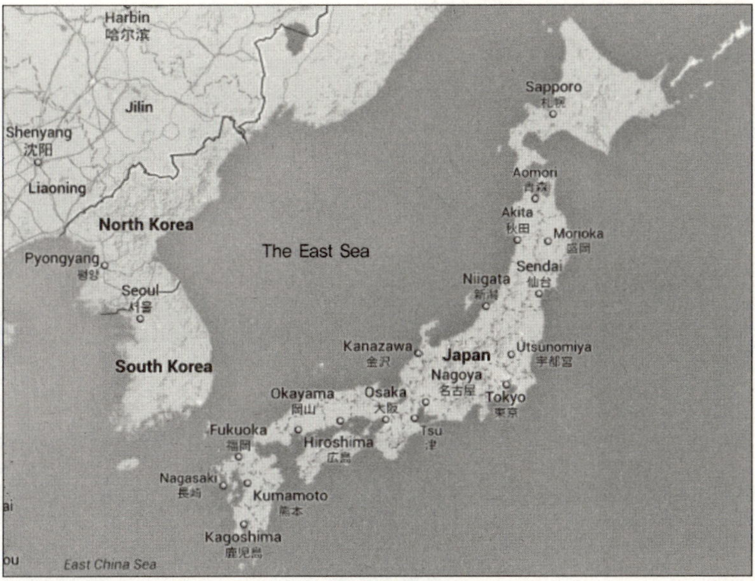

일본지도

일본열도는 북단에 위치한 거대한 섬 홋카이도北海道로부터, 혼슈本州, 시코쿠四国, 그리고 남단에 있는 규슈九州의 네 개의 큰 섬으로 이루어져 있고, 그 밖에 오키나와沖縄와 쓰시마対馬를 포함한 6900여개의 크고 작은 섬으로 형성되어 있다. 활 모양으로 길게 뻗은 남북의 거리는 약 3000km에 달한다. 수도는 혼슈의 간토関東지방에 있는 도쿄도東京都이며, 간사이関西지방의 오사카大阪는 두 번째로 큰 도시이다. 오사카에 인접해 있는 교토京都는 천년 동안 일본의 옛 수도였으며 세계문화유산이 있는 전통적인 도시이다.

일본의 행정단위는 광역 지방공공단체로서 47개의 도도부현都道府県으로 나뉘어져 있으며, 구체적으로는 1개의 도都(도쿄도東京都)와 1개의 도道(홋카이도北海道), 2개의 부府(오사카부大阪府, 교토부京都府), 나머지 43개의 각 현県으로 구분되어져 있다.

(1) 홋카이도北海道

오도리공원

눈축제

홋카이도는 일본열도의 가장 북부에 위치하는 섬으로 혼슈에 이어 두 번째로 큰 섬이다. 총면적 77,984.15㎢로 남한의 면적보다 약간 작은 정도의 광활한 면적을 보유하고 있다. 홋카이도가 일본의 국토로 편입된 것은 메이지明治시대인 19세기 말이며, 이전까지는 에조蝦夷라는 지명으로 불렸으며, 본토의 일본인이 유입되기 전까지는 원주민인 아이누민족이 고유한 문화를 이루며 살고 있었다. 가장 늦게 일본국토로 편입된 관계로, 행정구분상 유일한 도道이며, 광대한 면적에도 불구하고 현으로 나뉘어져 있지 않은 것이 특징이다. 섬의 대부분의 지역이 아한대성 습윤기후로 혹한기의 평균기온이 영하 8도, 최저기온

이 영하 30도에 육박하는 추운 기후의 지역이다. 도청道庁소재지인 삿포로札幌시는 인구수 약 190만명으로 일본에서 4번째로 인구가 많은 도시이다. 삿포로 유키마쓰리さっぽろ雪まつり는 홋카이도 최대의 이벤트로서 매년 일본 전국은 물론 해외로부터 200만명 이상의 관광객이 모인다. 홋카이도의 대표적인 관광명소로는 삿포로시 이외에 유리공예로 알려진 오타루小樽시, 원시의 생태계가 남아있는 시레토코知床반도, 일본 최대의 칼데라호인 굿샤로屈斜路호 등이 있다.

(2) 혼슈本州

혼슈는 일본 국토의 60%를 차지하는 최대의 섬으로 세계에서도 인도네시아의 수마트라섬에 이어 7번째로 큰 섬이다. 일본 인구의 약 80%가 거주하고 있으며, 혼슈는 크게 도호쿠, 간토, 주부, 긴키, 주고쿠의 5개 지방으로 구분되어진다.

① 도호쿠지방東北地方

센다이

도호쿠지방은 혼슈의 북부지역에 위치하며 아오모리青森, 이와테岩手, 미야기宮城, 아키타秋田, 야마가타山形, 후쿠시마福島의 6개현으로 이루어져 있다. 넓은 면적에 비해 인구 백만을 넘는 도시는 미야기현의 센다이仙台시 단 한 곳이지만 주요 도시가 모두 신칸센으로 연결된 유일한 지역이기도 하다. 특히 이 지역은 2011년 3월 11일에 일어난 동일본대지진의 주요 피해지역으로써, 도호쿠지방의 동해안 일대는 쓰나미와 여진 등으로 인해 대규모의 피해를 입었다. 도호쿠지방의 대표적 관광명소로는 센다이시 이외에 일본의 3경으로 불리는 마쓰시마松島, 이와테현의 히라이즈미平泉, 아오모리현의 시라카미산지白神山地 등이 있다.

시라카미산

② 간토지방關東地方

도쿄 오다이바

간토지방은 혼슈의 동부에 위치한 지역으로 도쿄도를 비롯한 이바라키茨城, 도치기栃木, 군마群馬, 사이타마埼玉, 지바千葉, 가나가와神奈川의 1도 6현으로 이루어져 있다. 도쿄를 중심으로 하는 수도권이며, 일본인구의 약 3분의 1이 이 지역에 집중되어 있는 일본의 정치, 경제의 중심지이다. 간토(관동)라는 명칭은 8세기경 수도 교토를 방위하기 위해 세워진 군사시설인 삼관三関의 동쪽지역을 가르킨 것에서 비롯된다. 간토지방의 대표적인 명소로는 도쿄 이외에도 유네스코 세계유산으로 등록된 닛코日光국립공원, 가나가와현의 하코네箱根 온천과, 가마쿠라鎌倉, 일본 3대 정원의 하나인 이바라키현의 가이라쿠엔偕楽園 등이 있다.

하코네신사

도쇼구

[참고]

가이라쿠엔: 이바라키현 미토水戸시에 위치한 정원으로, 1841년에 미토 번주藩主인 도쿠가와 나리아키徳川斉昭의 명에 의해 공사가 시작되어 다음 해에 완성되었다. 당초부터 영민領民 모두와 함께(偕) 즐기기(楽) 위한 장소란 뜻으로 가이라쿠엔이라 명명되어, 오늘날에도 일본의 3대 정원 중 유일하게 입장료가 무료이다. 약 4만평의 부지에는 100종류 3000그루의 매화가 심어져 있다.

③ 주부지방中部地方

나고야

혼슈는 물론 일본열도 전체의 중앙에 위치한 지역으로, 서쪽으로는 동해(일본명: 일본해日本海) 동쪽으로는 태평양을 면하고 있다. 주부지방은 명확한 지역구분을 하고 있지는 않지만, 일반적으로 니가타新潟, 도야마富山, 이시카와石川, 후쿠이福井, 야마나시山梨, 나가노長野, 기후岐阜, 시즈오카静岡, 아이치愛知의 9개현을 지칭한다. 중앙부에 험준한 일본 알프스산맥이 위치하는 점과 오사카와 도쿄의 중간 지점에 해당하는 점으로 인해 같은 지방임에도 불구하고 동부지역과 서부지역의 문화적 차이가 현저하다. 특히 나고야名古屋시를 중심으로 하는 아이치현, 미에三重현에 비해, 수도권의 영향권 아래에 있는 야마나시현과 니가타현은 별도의 지역으로 구분하는 시각도 있다. 주부지방의 대표적 관광명소로는 3000미터 이상의 산들이 이어지는 일본알프스와 더불어, 갓쇼즈쿠리合掌造り의 전통민가로 알려진 도야마현의 고카야마五箇山와 기후현의 시라카와고白川郷, 시즈오카현의 아타미熱海온천, 이시카와현의 겐로쿠엔兼六園 등이 유명하다.

갓쇼즈쿠리

[참고]

겐로쿠엔: 이시카와현 가나자와金沢시에 위치한 정원으로, 17세기 중엽에 이 지역을 다스리던 가가加賀번에 의해 가나자와성의 외각에 만들어졌다. 넓이는 약 3만평으로 에도시대에는 번주藩主의 사원私園으로 비공개였으나 메이지시대에 들어서면서 관광지로 활용되었다.

④ 긴키近畿지방(간사이関西지방)

한국에서도 서울이 위치한 지역을 경기도京畿道라 지칭하듯이 긴키近畿라는 단어는 고대 율령제에 있어서 수도에 가까운 지역을 일컫는다. 즉 긴키지방은 과거 일본의 수도였던 교토와 그 지역 일대를 가리키는 말로, 현재 일본 제2의 정치 · 경제의 중심지이기도 하다. 법률상으로 정해진 지역 구분은 아니나, 일반적으로 교토부京都府, 오사카부大阪府

교토

를 포함한 미에三重, 시가滋賀, 효고兵庫, 나라奈良, 와카야마和歌山현의 2부 5현을 가리킨다. 가부키歌舞伎나 라쿠고落語와 같은 일본의 전통문화는 이 지역을 중심으로 발달해 왔고 간사이방언이 사용되는 등 문화적인 정체성이 뚜렷한 지역이다. 천년이 넘는 긴 시기동안 일본의 수도가 위치한 지역이었던 관계로 대표적인 문화유산들이 밀집되어 있다. 일본의 대표 관광지인 교토와 경제도시 오사카 이외에도, 일본에서 세계문화유산을 가장 많이 보유한 나라奈良, 일본 최대의 호수인 비와琵琶호, 불교성지로 유명한 와카야마현의 고야산高野山과 구마노산잔熊野三山, 효고현의 히메지성姫路城, 오사카시의 오사카성大阪城등이 유명하다.

오사카

비와호

[참고]

오사카성: 오사카시에 위치한 성으로, 1580년에 소실된 이시야마혼간지石山本願寺 터에 1583년부터 약 3년간에 걸쳐 도요토미 히데요시의 명으로 축조되었다. 세키가하라関ヶ原 전투 이후 도쿠가와군徳川軍의 공격으로 1615년에 소실되었다. 에도시대에 재건되나 1665년에 성채의 핵심 구조물인 덴슈카쿠天守閣가 낙뢰에 의한 발화로 소실되어 오랜 세월이 지난 1931년에야 복원되었다.

히메지성: 효고현 히메지시에 위치한 성으로, 1346년에 소규모로 축조되었다가 1600년에 당시의 성주인 이케다 데루마사池田輝政에 의해 대대적으로 개축되어 오늘날의 모습에 이른다. 성벽이 백색 회반죽으로 칠해진 것에서 유래하여 일반적으로 시라사기성白鷺城(백로성)이라 불리기도 하며, 1993년에 유네스코 세계문화유산에 등재되었다.

⑤ 주고쿠지방中国地方

원폭돔

이즈모타이샤

혼슈의 서단에 위치하는 지역으로 돗토리鳥取, 시마네島根, 오카야마岡山, 히로시마広島, 야마구치山口의 5개현을 포함하고 있다. 주고쿠라는 명칭은 고대의 지역구분이 긴키지방을 중심으로 거리에 따라 근국近国, 중국中国, 원국遠国으로 나눈 데에서 유래한다는 설이 유력하다. 히로시마의 원폭기념관이나 시마네현의 이즈모타이샤出雲大社, 오카야마현의 고라쿠엔後楽園, 돗토리현의 사구砂丘 등이 전국적으로 유명하다.

[참고]

고라쿠엔: 오카야마현 오카야마시에 위치한 정원으로, 1687년에 이 지역의 영주인 이케다 쓰나마사池田綱政의 명에 의해 착공되어 14년의 공사기간을 거쳐 1700년에 완성되었다. 총면적은 13만 3천평으로 도쿄돔 구장의 약 3배에 달한다. 오카야마 시내를 흐르는 아사히가와旭川를 끼고 오카야마성과 마주한 곳에 자리 잡고 있다.

(3) 시코쿠四国

도고온천

이야다니

시코쿠는 홋카이도, 혼슈, 규슈와 함께 일본열도를 구성하는 주요 4개 섬 중 가장 작은 섬으로, 도쿠시마徳島, 가가와香川, 에히메愛媛, 고치高知의 4개현으로 이루어져 있다. 각 현의 현청소재지를 중심으로 도시가 발달하였으나 인구 백만을 넘는 도시가 없으며, 시코쿠에서 가장 인구가 밀집된 에히메현의 현청소재지 마쓰야마松山시도 인구 약 50만명에 불과하다. 경제적으로도 일본 내에서 시코쿠가 차지하는 비중은 총생산의 3%를 넘지 않는다. 에히메현의 도고道後온천은 일본에서 가장 오래된 온천으로 유명하며, 도쿠시마현의 이야다니祖谷渓는 기후현의 시라카와고白川郷, 미야자키현의 시이바椎葉와 함께 일본의 3대 비경으로 불린다.

(4) 규슈九州

규슈는 일본열도의 남서부에 위치하는 섬으로, 후쿠오카福岡, 사가佐賀, 나가사키長崎, 구마모토熊本, 오이타大分, 미야자키宮崎, 가고시마鹿児島의 7개현으로 되어 있다. 한반도나 중국대륙과 가까운 거리에 위치하여 역사적으로 타국과 밀접한 교류를 이어온 지역이며, 쇄국정책을 실시했던 에도시대에도 나가사키현의 데지마出島는 유일하게 외국과의 교류창구로서의 역할을 담당했다. 근대화 과정에서 가고시마현과 나가사키현은 메이지유신에 결정적인 역할을 담당했던 지역으로 현재에도 지역주민의 역사적인 자긍심이 존재한다. 규슈의 중심도시인 후쿠오카시는 인구 약 150만으로 일본에서 5번째로 인구가 많은 도시이며, 특히 서비스업이 발달해 있다. 오이타현의 벳푸別府시나 유후인湯布院은 일본 유수의 온천

후쿠오카

벳푸

지로써 일본의 각 지방은 물론 해외로부터 찾아오는 관광객이 많다. 구마모토현의 아소산阿蘇山과 구마모토성熊本城, 천손강림신화의 무대가 된 미야자키현의 다카치호高千穗, 가고시마현의 야쿠시마屋久島 등도 유명하다.

[참고]

구마모토성: 구마모토현 구마모토시에 위치한 성으로, 아즈치 · 모모야마安土桃山시대 말기 영주 가토 기요마사加藤清正가 기존의 성을 개축하여 1607년에 완성하였다. 메이지시대 초기 세이난西南전쟁 중에 일부 건물만 남겨둔 채 대부분 소실되었으나 1960년에 재건되었다.

(5) 오키나와沖繩

일본 본토와 대만의 중간지점에 위치한 오키나와현은, 행정구분상 규슈지방에 포함시키고는 있으나 역사적으로나 지정학적으로 볼 때, 일본 본토와는 구분되는 독립된 지역이라 할 수 있다. 오키나와는 19세기 후반 일본에 편입되기 이전까지 류큐琉球왕국으로 불리던 독자적인 국가였다. 류큐왕국은 일본의 영향권 하에 있으면서도 동시에 중국의 책봉도 받는 「양속주의」라는 독특한 국가체계를 채택하던 나라였다. 때문에 일본본토의 문화와는 구별되는 독특한 문화를 가지고 있으며 이를 활용한 관광산업 등도 활발하게 전개되고 있는 곳이다. 제2차 세계대전 당시에는 일본에서 유일하게 지상전이 벌

오키나와

어진 곳이며, 패전 이후로도 줄곧 미국의 정권하에 속해 있었으나 1972년에 비로소 일본에 반환되었다. 반환 이후에도 여러 곳에 미군기지가 존속하여 수많은 사회문제를 야기하고 있으며 최근에는 후텐마普天間 비행장의 이전문제로 논쟁이 되고 있다. 아열대성 기후로 아름다운 해변이 많아 일본의 대표적인 휴양지 리조트로써 각광을 받고 있다.

[참고] 일본의 세계유산

구분	등록명	소재지	등록년월
세계자연유산	시라카미산지白神山地	아오모리·아키타현	1993.12
	야쿠시마屋久島	가고시마현	1993.12
	시레토코知床	홋카이도	2005.07
	오가사와라제도小笠原諸島	도쿄도	2011.06
세계문화유산	히메지성姫路城	효고현	1993.12
	호류지法隆寺 지역의 불교건조물	나라현	1993.12
	교토京都의 문화재	교토부·시가현	1994.12
	시라카와고白川郷, 고카야마五箇山의 갓쇼즈쿠리合掌造り 집락	기후·도야마현	1995.12
	히로시마 원폭돔原爆ドーム	히로시마현	1996.12
	이쓰쿠시마신사厳島神社	히로시마현	1996.12
	나라奈良의 문화재	나라현	1998.12
	닛코日光의 신사와 절	도치기현	1999.12
	류큐琉球왕국의 구스쿠グスク유산	오키나와현	2000.12
	기이紀伊산지의 순례길 및 신령한 장소	와카야마·나라·미에현	2004.07
	이와미긴잔石見銀山 유적	시마네현	2007.06
	히라이즈미平泉 유적	이와테현	2011.06
	후지산富士山	시즈오카·야마나시현	2013.06
	도미오카제사장富岡製糸場과 견산업絹産業유산군	군마현	2014.06

4. 자연과 재해

일본은 지형학적으로 환태평양지진대라고 불리는 세계에서 가장 빈번하게 지진이 발생하는 지진대에 위치해 있다. 그로 인해 지구 전체에 방출되는 지진에너지의 10~20%가 일본의 주변에 집중되어 있다. 또한 전 세계 8분의 1에 해당하는 100여개의 화산이 있고, 이 가운데 83개가 활화산이다. 후지산은 과거 2000년 동안에 열 차례나 화산이 폭발하였다. 1707년 마지막 분출한 후 지금은 휴화산으로 다시 폭발할 위험이 있는 화산 중 하나이다. 1990년에 나가사키의 운젠다케雲仙岳에서 200년 만에 화산이 폭발하여 43명의 사망자를 냈다. 화산이 많은 만큼 일본에는 약 54,900여개에 달하는 온천이 전국에 산재해 있어 사람들은 사시사철 온천욕을 즐긴다.

아소산

10만여 명의 희생자를 낸 1923년의 관동대지진을 비롯하여 일본에서는 거의 매년 크고 작은 지진이 발생한다. 1995년의 한신阪神대지진은 약 6500명의 사망자를 냈으며, 2004년에 니가타 지역에서 발생한 지진에서도 약 5000명의 사상자(사망자 68명)가 발생했다. 일본 해안

관동대지진

가에서는 큰 지진과 함께 쓰나미가 발생하여 막대한 손실을 입힌다. 특히 2011년 3월 11일에 발생한 동일본대지진은 진도 9.0이라는 일본의 관측사상 최대의 지진과 함께, 뒤를 이은 대규모의 쓰나미로 인해 일본의 도호쿠지방의 태평양 연안부근에 역사적으로 기록될 만한 피해를 안겼다. 지진피해로 인한 사망자, 실종자는 19,000명에 달했고, 붕괴된 가옥 39만채, 대피자가 40만명에 이르렀으며, 경제적으로는 16조~25조엔에 달하는 피해를 입은 것으로 추산되었다. 뿐만아니라, 쓰나미에 의해 후쿠시마福島 제1원자력발전소가 훼손되어, 방사성물질이 대량으로 누출되는 등 대규모의 원자력사고로 이어졌다. 2014년 현재, 아직도 동일본대지진의 복구 작업은 끝나지 않고 있는 상황이며, 인명 · 경제적 피해 이상으로 일본국민에게 남긴 정신적인 충격은 헤아릴 수 없을 만큼 크다.

[참고] 일본의 주요 지진

명칭	진도	사상자	발생년
관동대지진関東大震災	7.9	14만2천명	1923
이즈오시마 긴카이지진伊豆大島近海の地震	7.0	226명	1978
미야기현 오키지진宮城県沖地震	7.4	1만여명	1978
니혼카이 주부지진日本海中部地震	7.7	267명	1983
홋카이도 난세이오키지진北海道南西沖地震	7.8	351명	1993
산리쿠 하루카오키지진三陸はるか沖地震	7.5	792명	1994
한신 아와지 대지진阪神淡路大震災	7.2	5만여명	1995
돗도리현 세이부지진鳥取県西部地震	7.3	182명	2000
히로시마현 게이요지진広島県芸予地震	6.7	290명	2001
홋카이도 도카치오키지진北海道十勝沖地震	8.0	850명	2003
니가타현 주에쓰지진新潟県中越地震	6.8	4873명	2004
후쿠오카현 세이호오키지진福岡県西方沖地震	7.0	1088명	2005
노토반도지진能登半島地震	6.9	356명	2007
니가타현 주에쓰오키지진新潟県中越沖地震	6.8	2346명	2007
동일본대지진東日本大震災	9.0	1만9천명	2011

제2장 일본의 정신문화

1. 일본인이 중시하는 덕목과 가치관
2. 양립형문화
3. 일본문화를 바라보는 다양한 시각
4. 일본의 천황제

1. 일본인이 중시하는 덕목과 가치관

겸손은 일본인들 사이에서는 중요한 미덕 중의 하나로 꼽히며, 사회적인 지위와 신분에 상관없이 사람은 겸손하고 사양하는 마음이 있어야 한다고 생각한다. 그래서 자기 자랑하는 것을 꺼리며 자기가 세상 사람들에게 어떻게 비칠까를 의식하면서 체면을 중시한다. 일본인은 타인을 의식하며 남에게 폐를 끼치는 일을 삼가고 수치심을 갖지 않도록 노력한다.

일본인들은 누군가에게 호의를 받게 되면 감사하게 느끼는 반면 신세를 졌다는 생각과 부담스러운 마음을 갖는다. 그래서 되도록 호의를 사양하고 신세를 진 사람에게는 어떤 형태로든 은혜에 보답하려고 한다. 예로부터 일본에서 의리는 은혜를 입은 사람에 대한 태도로 중시되었다. 예를 들어 일본의 대표적인 전통 예능인 닌교조루리人形浄瑠璃와 가부키로 자주 상연되는 『스가와라덴주데나라이카가미菅原伝授手習鑑』에서와 같이 전통 사회에서 주군을 위해 자기의 자식까지 희생시키는 이야기가 자연스럽게 나온다. 의리와 함께 다른 사람에 대한 배려나 친절을 미덕으로 여기는 인정이 특히 인간관계의 주된 요소로 작용하였다. 선물하는 습관은 의리나 인정을 중시하는 분위기에서 생겨났다고 볼 수 있다.

일본인은 끈기 있는 노력을 중시하기 때문에 끝까지 버티면서 분발한다는 의미의 「감바루頑張る」나 목숨이 다할 때까지 최선을 다한다는

「잇쇼켄메이一所懸命」라는 말을 자주 사용한다. 근면함은 일본인이 자랑으로 삼는 덕목이다. 최선의 노력과 근면함을 중시하는 사회에서는 근성이 있는 사람이 존중받는다. 근성은 무엇인가에 끝까지 매달리며 집착하는 성향으로 이어지며, 대를 이어 가업을 유지시키면서 완벽하고 좋은 제품을 생산하는 장인정신의 바탕이 된다고 할 수 있다.

2. 양립형문화

일본인들의 집단주의적 성향, 전통을 소중히 하는 습관 등은 일본문화를 이야기할 때 반드시 다루어지는 내용이라 할 수 있다. 지하철이나 공공장소에서 주변사람들에게 피해를 주지 않도록 조용히 이야기하는 장면이나, 회사를 위해 개인생활을 희생하면서까지 잔업을 하는 모습은 일본인의 집단적인 성향에 해당하는 예이다. 또 일본의 각 지역에서 행해지는 마쓰리祭나 옛 모습 그대로 지켜져 오는 연중행사 등은 전통문화를 대표하는 예이다. 그러나 이러한 집단적 경향, 전통 중시의 측면이 있는 반면에, 그와는 사뭇 대조적인 일본인의 모습도 존재한다.

카레라이스나 돈부리丼(덮밥)가게와 같은 가장 대중적인 일본의 식당은 대부분 혼자 앉을 수 있는 카운터의 형태로, 혼자서 식사를 하는 일본인의 개인주의적 습관을 잘 보여주는 예이다. 부모의 경제력 여하를 막론하고 대학졸업과 동시에 자립해서 살아가는 일본의 젊은이들도 부모와의 의존관계를 유지하는 한국의 젊은이에 비해 개인주의적이라고 할 수 있다. 일본에서 이미 보편화가 되어버린 한류문화의 보급을 보면, 일본인이 전통을 지켜나가는 모습의 이면에는, 유연하게 외래의 문화를 수용하는 습관이 존재한다는 것을 알 수 있다.

즉 일본문화를 가장 잘 대변하는 표현은 집단적이면서도 개인적이며, 전통을 중시하면서도 흔쾌히 새로운 문화를 받아들이는 양면적 태도 그 자체에 있다고 할 수 있다.

흔히 겉 다르고 속 다른 이중인격적인 태도로 오해받고 있는 다테마에建前와 혼네本音는 이와 같은 일본인의 양면적 태도를 잘 반영하는 키워드라고 할 수 있다. 속내와는 관계없이 손님들에게 한결같이 친절한 태도를 보이는 점원을 이중인격자라고 할 수는 없을 것이다. 또한 일상적이고 사소한 일들에 매번 「감사합니다ありがとうございます」 또는 「미안합니다すみません」 등의 인사말을 하는 것에 대해서도 이중인격이라고 하지는 않을 것이다. 이처럼 혼자서는 살아갈 수 없는 인간이, 공동체 안에서 원만한 인간관계를 유지하기 위해 취하는 대외적인 태도가 본래 다테마에의 의미이며, 일반적으로 혼네를 쉽게 드러내지 않는 태도야 말로 어른스러운 자세로 여겨진다.

그러나 일제강점기의 강압적인 식민통치라는 「혼네」와는 별도로, 서양의 제국주의에 맞서서 아시아가 일치단결하여 대항해야한다는 「대동아의 공존공영」이라는 「다테마에」가 존재했던 것도, 본래의 뜻과는 사뭇 다른 「혼네」와 「다테마에」의 일례라고 할 수 있다. 명분에 구애받지 않고 철저히 실리에 따라 식민지 지배를 수행했던 서양의 제국주의와는 달리, 일본제국은 실제로 행해지는 혹독한 식민지지배와는 관계없이, 대외적으로 납득할 수 있는 명분, 즉 「다테마에」를 패전 직전까지 중요하게 생각했다.

혼네와 다테마에로 대변되는 일본인의 양면성은 좁은 의미의 일본문화에 국한되지 않고, 일본의 정치체제와 역사, 종교, 생활 등 다방면에서 나타난다. 센스扇子(쥘부채)와 분재 등의 전통문화와 현대의 워크맨 등에서 보여지는 「축소지향적」 측면이 있는가 하면, 변경의 소국에 불과했던 고대 일본에 중국의 장안長安을 모방하여 헤이안쿄平安京라는 거대도시를 건축했던 「확대지향적」 측면도 존재한다. 도요토미 히데요시豊臣秀吉의 중국정벌론, 일본제국에 의한 태평양전쟁도 이러한 일본의 확대지향을 대변하는 좋은 예가 될 것이다.

헌법상으로 일체의 전력을 보유하지 않으며 영구히 무력행사를 포기한다고 하는, 세계에서도 유래가 없는 평화헌법이 존재하는 반면, 실질적으로는 자위대의 해외파병까지 실시하고 있는 군사대국으로서의 면모도 존재한다.

가미와 부처 신불습합

대부분의 국민이 새해 행사나 아이의 성장과 관련된 경사로운 일에 신도神道식의 관습을 따르면서도, 제사나 장례식 등 죽음과 관련된 행사에서는 불교식 관습을 따르는 것에 대해 아무런 모순도 느끼지 않는 것도 일본문화의 양면성을 나타내는 좋은 예이다.

그러나 일본문화의 양면성을 나타내는 또 다른 예는, 수상이 통치하는 입헌내각제의 존재와는 별개로, 국가와 국민통합의 상징으로서 천황이 존재한다는 것이다. 만세일계의 천황으로 일컬어지듯이 일본의 천황제는 6세기 중엽의 고대통일국가 형성과 동시에 시작되어 1400여 년동안 단 한 번의 역성혁명도 없이 대를 이어오고 있다. 이렇게 오랜 시대를 통해 천황제가 유지되어 올 수 있었던 것은 천황이 그 성립 이래로 실질적인 권력(혼네)으로서의 위치보다는 상징적인 권위(다테마에)로서의 의미가 더욱 컸다는 데에 원인이 있다. 귀족에서 무사로 무사에서 군부로, 군부에서 내각으로의 정권교체는 있었지만, 각 시대의 권력자들은 굳이 천황제를 폐기시키려는 모험은 시도하지 않았다.

천황제가 오래 유지될 수 있었던 또 하나의 요인으로는, 중국이라는 압도적인 강대국이 한반도, 동해를 사이에 두고 멀리 떨어져있다는 지정학적 요인도 간과할 수 없다. 「가미카제神風」로 비유되는 이러한 지정학적 요인에 의해 일본은 전후 연합국에 의한 신탁통치기간을 제외하면 유사 이래 단 한 번도 외세에 의한 지배를 받은 적이 없다. 즉 압도적인 외래의 문화에 의해 자국의 토착문화가 쇠퇴하는 경험을 겪은 적이 없었던 것이다.

때문에 한반도에서와 같이 토착문화가 외래(중국)문화에 의해 구축되는 과정에서 필연적으로 발생하는 외래문화에 대한 격렬한 저항이 일본에는 존재하지 않았다. 단지 시대의 필요에 따라, 지배적인 외래문화를 실용적으로 받아들일 수 있었던 것이다.

3. 일본문화를 바라보는 다양한 시각

(1) 일본인의 문화론 전개 양상

메이지유신 이후 서구적인 근대화의 물결 속에서 일본인들은 자신들이 세계 각국의 사람들과 어떠한 공통점을 갖고 있는지, 또 어떠한 독자적인 특징이 존재하는지에 대해서 생각하기에 이르렀다. 이러한 물음에 처음으로 대답한 것이 일본의 지리학자인 시가 시게타카志賀重昂(1863~1927) 였다. 그는 자신의 저서인 『일본풍경론日本風景論』(1894)에서 일본의 자연환경을 서구나 중국 등과 비교하고, 결과적으로 일본의 풍경이 가장 우위에 있다는 결론을 내려, 당시 청일전쟁을 수행 중이던 일본국민의 내셔널리즘을 고양시키는 역할을 담당하였다. 또한 교육자인 니토베 이나조新渡戸稲造(1862~1933)는 비슷한 시기에 간행한 『무사도武士道』(1900)에서 서구와 일본을 비교하면서 무사에게 강조되는 의義, 용勇, 인仁, 예礼, 성誠, 예誉, 충忠 등의 덕목과 무사도가 행동으로 보여주는 할복과 복수에 대한 설명을 다루어 「사무라이의 나라」라는 일본의 이미지를 세계에 보급하는 역할을 담당하였다. 뒤이어 등장한 일본의 미술평론가인 오카쿠라 덴신岡倉天心(1863~1913)은 『차의 책茶の本』(1906)에서 일본에서 다도茶道가 발달한 과

차의 책

정과 이를 통해 이루어진 건축, 정원, 미술 등, 일본 고유의 미학을 동양의 전통적인 정신문화의 진수로 설파하며, 근대 서구사회의 물질주의적인 문화를 비판하고 있다. 오카쿠라 덴신의 영향을 받아 탄생한 것이 구키 슈조九鬼周造(1888~1941)의 『「이키」의 구조「いき」の構造』(1930)이다. 이 책은 일본인의 문화와 의식구조의 특수성을 「이키粋」라는 키워드를 통해 설명하고 있다. 「이키」란 원래 게이샤芸者를 대하는 세련된 행동거지를 뜻하는 용어였으나 이후 일반인들에게 보급되기 시작하면서 멋지고 세련된 행동이나 말, 또는 인정 깊고 풍류를 즐길 줄 아는 자세를 지칭하는 용어로 사용되었다. 구키 슈조는 문학, 미술, 복식 등 에도시대 일본의 서민문화에 녹아있는 「이키」의 여러 가지 유형을 제시함과 동시에, 이를 통한 서양 문화와의 차별성과 일본 문화의 독자성을 강조하고 있다.

(2) 서양인의 눈에 비친 일본문화

국화와 칼

현대 서양인에 의한 일본문화론의 시초는 제2차 세계대전중 적국인 일본에 관한 연구라는 성격을 지닌 루스 베네딕트Ruth Benedict(1887~1948)의 『국화와 칼菊と刀』(1946)이라 할 수 있을 것이다. 이 책은 일본의 문화를 이해하는데 필요한 두 가지 키워드를 제시하는데, 하나는 「집단주의」 이며 또 다른 하나는 「수치의 문화恥の文化」이다. 베네딕트에 의하면 일본인들의 인간관계는 계약이나 규칙에 의하기 보다는 「은혜恩」나 「의리義理」라는 일종의 정신적인 채무관계에 의해 형성되고, 이로 인해 사회구성원 간의 「집단주의」가 유지된다는 것이다. 또 서양의 문화가 도덕에 대한 절대적 기준을 세우고 이것에 대한 준수를

양심에 맡기는 「죄罪의 문화」인 것과 달리, 일본의 문화는 개인의 행동을 좌우하는 기준이 집단을 의식하는 수치심에 의한 것으로 규정하고 이를 「수치의 문화」라 주장하였다.

일본이 패전의 충격으로부터 예상보다 빠른 속도로 벗어나 급속한 경제성장기를 맞이하자, 그 성공원인을 일본문화의 특성에서 찾으려는 시도가 서양에서 일어나게 되었다. 그 대표적인 것이 미국의 사회학자인 에즈라 보겔Ezra Vogel(1930~)이 쓴 『일등국가 일본Japan As Number One』(1979)이다. 이 책에서 보겔은 당시 일본의 높은 경제 성장률이 일본 국민들의 교육에 대한 열의와 일본기업의 독자적 경영방식, 그리고 일본 정부의 산업정책이 어우러진 결과라고 생각하였다. 그리고 이러한 일본만의 독특한 경제적 특성은 미국이나 여타 서양 국가들이 참고할 만 한 것이라 평가하였다. 이러한 보겔의 「일본형 경제시스템」에 대한 긍정적인 평가는 당시 일본인에 의한 문화론에도 커다란 영향을 끼쳤다.

(3) 한국인의 일본 문화론

축소지향의 일본인

이어령李御寧은 『축소지향의 일본인「縮み」志向の日本人』(1982)이라는 책에서 「축소지향」이라는 키워드를 통해 일본문화를 전방위적으로 파악하고자 했다. 그는 이 책에서 세계가 확대 중심으로 성장했을 때에 일본은 반대로 축소를 지향하면서 발전했다고 주장한다. 이러한 일본인들의 「축소지향」은 그 국민성의 소심함에 기인하는 것이 아니라, 실용적이면서도 정교한 솜씨를 추구하는 일본인의 사고방식에 연유한다. 즉 섬나라라는 한정된 땅에 공간 활용을 극대화한 실용적인 주택을

짓는다던지, 미국에서 만든 카메라나 컴퓨터 등을 벤치마킹하여 트랜지스터라디오 등의 형태로 축소시켜서 정밀한 성능과 다양한 기능을 갖춘 제품으로 만들어 내는 일본인의 성향을 가리킨다. 한편 박준희朴俊熙는 『확대지향의 일본인』(1989)에서 과거 일본이 보여준 식민지지배와 전쟁수행을 통한 군국주의적 팽창정책과 패전 이후에도 경제대국으로서 세계무대에서 그 영향력을 확장시키려하는 현상에 주목하여, 일본의 확대지향적인 성격에 대해 분석하고 있다. 박준희는 이 책에서 표면적으로 봤을 때 일본인과 일본사회가 축소지향적인 성격을 띠고 있는 것처럼 보이나, 그 심층에는 언제나 거대함과 확장에 대한 욕구와 정열이 잠재해 있다고 주장한다.

김용운金容雲은 한국과 일본의 비교 문화론인 『한국인과 일본인韓国人と日本人』(1983)을 펴냈다. 이 책에서 그는 한국인과 일본인의 민족성이 같은 기마 민족적 뿌리에서부터 유래하고 있음에도 불구하고, 차별화된 풍토적 조건과 역사적 기반에 의해 서로 다른 민족성을 갖게 되었다고 주장한다. 구체적으로는 일본의 「깨끗이あっさり」와 한국의 「오기傲気」, 열악한 자연환경을 극복하기 위한 일본의 단결력과 풍요로운 자연과 일체화되는 한국의 정신자세를 대비시켜 제시한다. 또한 지배자의 책임을 추궁하는 대신 그 지배권이 항상 지배계급 내부에서만 이동하는 일본사회와, 지배자의 무능력에 의해 고통받는 민중이 「한恨」이나 「오기」의 분출에 의해 새로운 지배권을 창출해내는 한국사회와의 차이 등을 제시하고 있다.

『일본의 희극』(1992)에서는 일본의 문화수용 과정을 4단계로 설명하고 있다. 일본은 외부의 강대한 문화와 접촉하게 되면 먼저 1단계로 「숭배」를 내세운다. 즉 항복, 포기, 체념의 마음가짐을 갖고 자신들의 부족함과 약함을 인정하며 상대방을 우러러 본다는 것이다. 2단계에 접어들면 「완전소화」를 표방하며 항복한 대상을 따라하며 그 장점을 흡수하고 배우려 노력한다. 그리고 3단계에 들어서면 「개량 및 성공」을 표방하여 배우고 흡수한 상대의 문화적 장점을 통해 이미 무릎 꿇었던 대상을 따라잡고 뛰어넘기 위해 매진한다. 마지막으로 4단계에서는 이렇게 한번 뛰어 넘어버린 대상에 대해서는 더 이상의 가치를 두지 않고 오히려 천대하고 무시하는 「자만」의 자세를 갖게 된다는 것이다. 서구 문명과의 충돌 이후 일본의 역사는 이러한 4단계의 문화수용 과정을 반복하고 있다고 저자는 이야기한다.

4. 일본의 천황제

일본의 천황가는 6세기 중엽 야마토大和조정이 여러 호족 연합의 지도자로서 군림한 이후 1400년 이상 단 한번의 역성易姓혁명 없이 이어지고 있다. 이른바 만세일계万世一系로 불리는 이러한 황통의 유지는, 군주는 천명을 받들어 민중을 통치하며, 덕을 잃은 군주는 새롭게 천명을 받은 자에 의해 교체되어진다고 하는 중국의 천명사상과는 정면으로 대립되는 일본의 독특한 정치체계이다. 근대 이전까지는 실질적인 권력을 가진 막부와 상징적인 권위로서의 천황이 서로 보완관계를 유지하며 국가를 운영해왔다고 하는 것이 최근까지의 일반적인 설명이었다. 그러나 최근에는 막부와 천황의 이중 왕권체제에 가까웠다는 주장이 힘을 얻고 있다.

특히 『고지키』와 『니혼쇼키』 등의 일본신화에 초대천황인 진무神武천황이 일본의 창조신인 이자나기イザナギ와 이자나미イザナミ의 7대손으로 규정되어 있는 것과 같이, 고대로부터 천황은 신으로서 숭배되어 왔다. 천황의 즉위식 등의 관습에도 제사장으로서의 천황이라는 성격이 현재까지 남아있으며, 에도 말기 막부와 교섭했던 미국관리는 쇼군을 황제(Emperor), 천황을 제사장(The Pope of Japanese Shrine)으로 인식했을 만큼 천황과 신도와는 깊은 관계를 가지고 있다.

천황이라는 명칭은 중국의 고서 『주례周礼』의 북극성을 뜻하는 천황대제天皇大帝에서 유래하는 말로 「우주, 세계의 중심」을 의미한다. 7세

메이지천황

맥아더와 쇼와천황

기말 일본에서는 고대율령국가 확립과 함께 중국의 황제와 대등하게 외교할 수 있는 군주의 명칭을 필요로 하게 되었고, 그때까지 오키미(대왕大王)로 불리던 군주를 천황 혹은 천자天子로 표기하게 되었다.

『고지키』, 『니혼쇼키』에는 기원전 660년 진무천황 때부터 천황제가 시작된 것으로 기록하고 있다. 역사서에 등장하는 최초의 실존 천황은 스이코推古천황(재위592~628년)이며, 스이코천황 때의 섭정으로서 실제적 권력을 가지고 있던 쇼토쿠聖徳태자에 의해 율령제(17조 헌법, 관위12계)에 의한 중앙집권국가가 확립되었다. 재위 기간중 실제로 천황으로 호칭된 것은 덴무天武천황(재위673~686년)때부터이다. 이후 나라시대를 거쳐 헤이안시대까지 귀족 후지와라藤原씨가 조정을 지배하였다. 1185년부터 미나모토源씨의 무사정권이 실권을 장악하여 최초로 막부정치가 시작되었고, 14세기 중반 가마쿠라 막부가 타도되면서 고다이고後醍醐천황에 의한 친정이 재개되었다.

이때 가마쿠라 막부 타도에 결정적으로 기여한 무사계급을 냉대하였고, 이에 불만을 품은 아시카가 다카우지足利尊氏가 거병, 고다이고천황을 유폐하고 고묘光明천황를 옹립하여 북조北朝를 수립한다. 탈출한 고다이고천황은 요시노吉野에 남조를 수립해 일본열도의 왕조는 둘로 분열되었다. 이 시기를 남북조南北朝시대라고 하는데, 일본에 두 개의 조정이 존재했던 유일한 사례이다. 무로마치 막부의 3대 쇼군 아시카가 요시미쓰足利義満에 의해 남조세력이 평정되면서 남북조가 통일되고, 이후 메이지시대까지 천황은 막부와 공존관계를 유지해 왔다.

12세기말 가마쿠라鎌倉시대에는 천황이 긴키지역을 포함한 서일본지역에서만 영향력을 행사하였고, 쇼군은 천황으로부터 정이대장군征夷大将軍이라는 호칭을 부여받았다. 이후 무로마치室町시대, 전국戦国시대, 에도江戸시대를 거치며 천황의 지위는 더욱 약화되어 왔다.

18세기말『고지키』,『니혼쇼키』등을 연구하는 국학의 발달로 천황 중심의 일본신화가 확립, 존왕사상이 성립되었다. 메이지유신 이후 막부의 몰락과 더불어 천황의 권위가 강화, 메이지정부는 천황의 권위를 이용하여 강력한 중앙집권식 국가체제, 국민통합을 이루려 하였다. 또한 불교의 영향 아래에 있던 신도를 독립시키고,『니혼쇼키』,『고지키』의 신화를 근거로 현인신現人神(あらひとがみ=살아있는 신)으로서의 천황의 이미지를 강화하였다. 이로써 국가신도가 성립되었다. 다이쇼大正천황 때의 청일전쟁과 러일전쟁의 승리로 인해 신국神国과 현인신의 개념이 일본국민에게 깊이 침투하게 된다.

메이지헌법 제1조에는「대일본제국은 만세일계의 천황이 이를 통치한다」고 명기되어 있으며, 천황은 형식적으로 일본제국군의 통치권을 갖는 국가원수, 육해군의 최고지휘관으로서의 지위에 오르게 된다. 제2차 세계대전의 패전 이후 전쟁책임에 대한 논쟁이 있었으나, 일본의 공산화를 우려한 연합군진영의 정치적 동기로 천황이 면죄부를 받게 되고, 헌법 개정을 통해 일본의 상징으로 거듭나게 된다.

현재 일본국헌법 제1조에는「천황은 일본국의 상징이자 일본국민 통합의 상징이며, 그 지위는 주권을 가진 일본국민의 총의에 기초한다」고되어 있다.

오늘날 천황의 주 업무는 내각총리대신, 대법원장 등의 임명, 국회의 소집, 중의원의 해산, 총선거의 공시, 영전수여, 외국대사 · 공사의 접수, 외교문서의 인증 등이 있으나 형식적 의미가 크다. 천황, 황실과 관련된 업무는 궁내청宮内庁에서 담당한다.

제3장 일본의 통과의례와 연중행사

1. 유아기와 성장기

(1) 하쓰미야마이리初宮参り

생후 30일 경에 처음으로 행하는 신사참배를 하쓰미야마이리라고 한다. 하쓰미야마이리는 출생지의 수호신인 우부스나가미産土神, 혹은 혈족신인 우지가미氏神에게 아이의 출생을 알리고 감사드리는 의미가 담겨있다. 남자아이는 31, 32일째, 여자아이는 32, 33일째에 행해지며, 부모와 친할머니가 동행하는 것이 일반적이나 최근에는 외할머니가 동행하기도 한다. 이 날에는 일반적으로 시로하부타에白羽二重라고 불리는 옷을 입히고 사진촬영 등을 한다.

(2) 오쿠이조메お食初め

생후 100일째, 혹은 110, 120일째에 행해지는 의식(백일이라는 의미의 모모카百日로도 불림)으로, 아기가 젖니가 날 무렵「평생 먹을 것에 구애받지 않기」를 기원하는 의미에서 성인의 식사를 모방하는 행사이다. 이 날 식탁에는 팥밥, 도미구이, 맑은 장국, 우메보시梅干し(메실 장아찌), 홍백의 떡 등을 준비하고 아기에게 음식을 먹이는 시늉을 한다. 이를 튼튼하게 하는 의미로 신사의 경내에서 작은 돌(하가타메이시歯固め石)을 주워 식탁에 올려놓기도 하는 데, 이 돌은 행사가 끝나면 다시 신사에 되돌려 놓는다.

(3) 시치고산七五三

시치고산

3살, 5살, 7살 어린이의 성장을 축하하는 일본의 연중행사를 시치고산이라 한다. 남자아이의 경우는 3살, 5살, 여자아이는 5살, 7살이 되는 해의 11월 15일에 신사나 절에 가서 그 지방의 수호신에게 감사 드리고 아이의 건강을 기원한다. 이 날 남자아이는 하카마, 여자아이는 후리소데를 착용하며, 손에는 장수를 기원하는 엿, 지토세아메千歳飴를 들고 기념촬영을 한다.

이러한 관습은 「7살까지는 신의 품속七つまでは神のうち」이라는 일본의 속담처럼 근대 이전의 50%를 상회하던 극심한 아동사망률에 기인한다. 일반적으로 7세가 되어야 호적에 올리는 관습이 있었고, 호적에 올린 후에야 비로소 진정한 「한 사람(이치닌마에一人前)」으로 취급하였다. 때문에 7세 이하의 아동은 신의 아이(가미노코神の子)라고 여겨서 소중히 키웠고, 원인을 알 수 없는 어린 아이의 행방불명을 가미카쿠시神隠し(신의 숨김)라 불렀다.

(4) 성인식成人式

성인식

1월 둘째 주 월요일에는 전국적으로 만 20세가 되는 것을 축하하는 성인식 행사가 치러진다. 각 지방자치단체의 주관으로 열리는 이 행사에는 여자는 후리소데라고 하는 소매가 긴 기모노를, 남자는 하카마 혹은 양복을 입고 참가한다.

2. 일본의 결혼식

(1) 결혼식의 종류

① 기독교식 결혼식チャペル結婚式

기독교식 결혼식

교회를 모방한 결혼식장이나 호텔 혹은 정식교회에서 이루어지는 결혼식, 보통 식장을 차펠チャペル(교회)이라 부른다. 목사가 주례를 하며, 신에게 결혼서약을 행한다.

② 인전결혼식人前結婚式

호텔, 레스토랑 등에서 이루어지며 가족, 친지 앞에서 결혼서약을 행한다. 나머지는 기독교식과 유사하나 특별한 형식의 구애가 없다.

③ 신전결혼식神前結婚式

신도식의 결혼식으로 다이쇼시대 이후 귀족들 사이에서 일반화되었던 결혼 형태이다. 신전결혼식의 절차는 메이지33년 당시 황태자였던 다이쇼大正천황의 결혼식으로부터 확립되었다. 평민이 신전결혼식을 하게 된 것은 전후부터이다. 이 날 신랑은 하카마를 입고 신부는 시로무쿠白無垢라고 하는 백색의 기모노를 입는 것이 일반적이나, 간혹 검은 색 기모노를 입기도 한다. 신랑과 신부는 신관의 제사가 끝난 후, 무녀巫女가 따른 술을 신랑부터 신부 순으로 3번씩 3회 마심으로써 결혼의 서약을 행하는 데, 이를 산콘노기三献の儀, 혹은 산산쿠도三々九度라 한다.

(2) 결혼식의 예절

메이지신궁 전통혼례

결혼식에는 가족과 친척, 지인 등 가까운 사람들만 초대하는 것이 일반적이다. 이때 초대장에는 참가여부를 알리는 반송엽서를 동봉하며, 초대장을 받으면 반드시 답장을 해야 한다. 결혼식에는 결혼 당사자의 가족은 물론 초대객도 일반정장이 아닌 예복, 드레스 등을 착용하는 것이 보통이다.

축의금의 액수는 3만~5만엔(홀수금액)이 일반적이며, 은행에서 교환한 신권을 사용한다. 결혼식은 의식만으로 끝나지 않고 보통 식사와 함께 피로연이 포함되어 있기 때문에 대체로 2~4시간 정도 걸린다. 참가자는 축의금과 결혼식 참가에 대한 답례로 히키데모노引出物라 불리는 선물을 받는다.

결혼식이 끝난 후에는 식장에서의 피로연과는 별도로 신랑, 신부의 지인들과 함께 하는 피로연이 있다. 보통 결혼식 당일의 심야 혹은 아침까지 피로연이 계속되기 때문에 신혼여행은 통상 결혼식 다음날에 출발한다. 신혼여행에서 돌아오면 신랑, 신부가 양가의 이웃을 돌며 인사를 한다.

3. 일본의 장례식

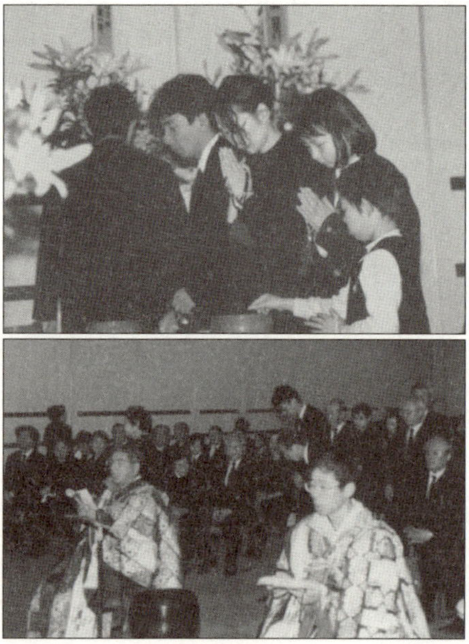

장례식

일본의 장례식은 에도시대까지 토장土葬이 일반적이었으나 메이지시대 토장금지에 의해 현재는 100% 화장으로 이루어지며 불교식 장례가 일반적이다.

장례식은 납관→ 오쓰야お通夜→ 장례식 및 고별식→ 출관出棺→ 화장→ 유골안치의 순으로 이루어진다. 장례식의 비용은 평균 230만엔 정도가 소요되며, 영국 12만엔, 한국 37만엔 등에 비하여 세계에서도 가장 고비용의 장례식을 치루고 있다.[1] 초대객은 유족에게 오코덴お香典이라 불리는 조의금을 전달한다. 향전이라는 한자에서 짐작되듯이 이는 근대 이전의 장례식에서 초대객들이 각자 향을 지참하던 습관에서 유래한다. 장례식이 끝나면 상주는 고덴가에시香典返し라 불리는 답례

1) 시마다 히로미島田裕巳『장례식은 필요없다 葬式は、要らない』幻冬舎新書, 2010

품을 참석자에게 증정한다.

[참고]

오쓰야お通夜: 오쓰야란 장례식 전날 유가족과 일가친척이 상가집에서 밤을 세우는 관습을 말하며 장례식장에서 오쓰야를 행하는 경우도 있다. 오쓰야에서는 밤새 양초나 향이 꺼지지 않도록 해야 하는 데, 이는 시신을 악귀나 야생동물의 침입으로부터 지키는 고대의 관습=모가리殯에서 비롯되었다. 오쓰야의 참가자에게는 술과 안주를 접대하는데, 이는 술이 소금과 같이 부정(게가레穢れ)을 정화하는 힘을 가지고 있다고 여겨져 왔기 때문이다.

4. 일본의 연중행사

(1) 오쇼가쓰お正月(1월 1일)

오쇼가쓰 가도마쓰

오쇼가쓰란 우리의 설과 같은 명절로 공식적인 휴일은 간지쓰元日라고 불리는 1월 1일 하루에 불과하지만, 관공서, 학교는 물론 일반 기업도 보통 12월 29일부터 1월 3일까지를 설 연휴로 한다.

오쇼가쓰는 원래 정초에 그 해의 풍작과 가족의 건강을 가져다 주는 도시가미歲神(새해의 신)를 맞이하는 행사에서 유래하였다. 도시가미를 맞이하기 위해 12월 26일경부터 집 앞에 가도마쓰門松를 세워두며(1월 7일경까지), 현관 입구나 가미다나에 시메카자리しめ飾り를 장식한다. 또 많은 가정에서는 연말에 가가미모치鏡餅에 사용할 떡을 찧는다. 둥그런 모양으로 두 개 포개놓은 가가미모치는 오쇼가쓰에 신에게 공양하기 위해 장식해 놓는 떡이다.

섣달 그믐날에 해당하는 오미소카大晦日에는 일반적으로 가족끼리 모여 식사를 하고 NHK의 홍백가합전紅白歌合戦 등을 시청한다. 새해 기

념 타종과 함께 도시코시소바年越しそば를 먹고 바로 하쓰모데初詣(신년 참배)를 하거나 취침 후에 하쓰모데를 행한다.

설날인 간지쓰元日 아침에는 아이들에게 오토시다마お年玉(세뱃돈)를 주고, 오세치요리라는 설음식을 먹는다. 그 후 하쓰모데에 가거나 백화점의 신년세일에 가거나 하며 연휴를 지낸다.

오세치お節요리는 보통 무, 당근, 우엉, 두부, 다시마, 토란, 고구마 등에 어묵, 멸치조림, 검정콩, 청어알, 야채조림 등이 칠기 그릇에 담겨 있다. 한국의 떡국과 비슷한 오조니お雑煮도 설날에 먹는다.

(2) 세쓰분節分(2월 3일, 해에 따라서는 4일)

세쓰분節分에는 많은 가정에서 콩을 뿌리는 관습이 있으며, 신사나 절 등에서도 그 해의 띠와 겹치는 남성들이 군중들 앞에서 콩을 뿌리는 행사가 열린다. 세쓰분이란 원래 입춘, 입하, 입추, 입동 등 계절이 바뀌는 절구節句의 전날을 지칭하는 말이었으나, 점차 입춘의 전날만을 지칭하는 의미로 쓰이게 되었다. 콩을 뿌리면서 「악귀는 밖으로 복은 안으로鬼は外、福は内」라고 외치는 것이 관례인데, 이는 계절이 바뀌는 절구에 온갖 악귀나 악령이 모여들어 역병 등을 가져온다고 여겼기 때문이다. 콩 뿌리기에는 보통 볶은 콩이 사용되는데, 이는 콩 뿌리기가 끝난 후에 자신의 나이만큼의 콩을 먹으면 악귀와 질병을 막을 수 있다고 여겨왔기 때문이다.

세쓰분

(3) 히나마쓰리ひな祭り(3월 3일)

히나인형

히나마쓰리는 여자아이를 위한 날로 모모노셋쿠桃の節句라고도 불린다. 이날 여자아이가 있는 가정에서는 히나인형雛人形을 장식하며, 시로자케白酒, 히시모치菱餅, 대합국 등을 먹으며 여자아이의 건강을 기원한다.

고대의 중국에는 삼월 삼짇날에 강가에서 목욕을 하여 부정(게가레穢れ)을 씻어내던 상사절이라는 풍습이 있었다. 이 풍습이 일본에 전래되면서 대신 종이인형에 부정, 액厄을 옮겨 강에 띄워 보내는 나가시비나流し雛로 변천되었다. 현재의 히나마쓰리는 나가시비나와 헤이안시대 귀족소녀들의 놀이인 히나아소비雛遊び라는 종이인형놀이가 합쳐진 것으로 추정된다. 모모노셋쿠(모모=복숭아)라고도 불리는 것은 에도시대에 히나인형과 함께 복숭아나무의 가지를 장식하는 습관에서 유래하는데, 복숭아나무는 예로부터 악령을 쫓는 신성한 나무로 여겨져 왔다.

히나인형은 히나마쓰리의 2, 3주 전부터 장식하며 외조부모가 히나인형을 선물하는 것이 일반적인 관례이다. 생후 처음 맞는 히나마쓰리를 하쓰젯쿠初節句라고 한다.

[참고]

히나인형: 1, 3, 5, 7단의 다양한 장식이 있다. 여자아이의 건강과 행복한 결혼생활의 기원, 병이나 재난을 인형에 옮기는 액막이 등의 목적이다. 3월 3일이 지나고 바로 치우지 않으면 늦게 결혼한다는 속설이 있다.

(4) 단고노셋쿠端午の節句(5월 5일)

우리말의 단오절에 해당하는 날로, 남자아이가 있는 집에서는 고이노보리鯉のぼり[2]를 세우거나 오월인형을 장식하며, 창포물에 목욕을 시키기도 한다.

고이노보리

중국의 액막이 행사에서 유래된 날로, 중국에서는 이날 창포나 쑥으로 만든 인형을 문에 장식하거나 창포주 등을 마시는 것으로 재액을 예방하였고, 한국에서는 여성들이 창포를 삶은 물에 머리를 감거나 얼굴을 씻는 것으로 귀신을 쫓아내었다. 단오절이 일본에 전래되면서 모내기 전에 여성들이 신사에서 지내며 부정을 씻어내는 행사로 변천되었다. 이러한 여성중심의 행사에서 남자아이의 절구로 바뀐 것은 가마쿠라시대 이후부터이다. 이는 창포菖蒲의 일본발음 쇼부しょうぶ가 상무尚武(무예를 중히 여김)와 동일하며, 창포의 형태 또한 일본도를 연상시키는 칼 모양이었던 것에서 유래되었다고 한다.

문 앞에 고이노보리를 세우는 풍습은 남자아이의 출세를 기원하는 의미로, 잉어가 용문을 통과하여 용이 되었다는 중국의 고사에서 비롯되었다. 이밖에도 집안에는 사고나 재액을 막는 의미로 긴타로金太郎인형과 같은 오월인형과 갑옷, 투구, 활, 칼, 창 등을 장식한다.

---

2) 천, 종이 등으로 만든 잉어(고이鯉)형태의 장식으로, 장대에 매달아 옥외에 설치한다. 풍속, 풍향에 따라 깃발처럼 나부낀다.

(5) 다나바타七夕(7월 7일, 지역에 따라서 8월 7일)

단자쿠

다나바타

칠월 칠석에 해당하는 연중행사로, 견우와 직녀 전설에서 비롯되었다. 이날에는 단자쿠短冊라고 불리는 종이에 소원을 적어 조릿대에 매달아 건물 입구에 장식한다. 다나바타는 여름 수확 시기와 겹치는 관계로 여름의 야채나 과일, 은하수를 연상하게 하는 국수 등을 제사음식으로 바치기도 한다. 지역에 따라 행사의 규모에 큰 차이가 있으며, 센다이의 다나바타마쓰리가 특히 유명하다.

(6) 오본お盆(8월 13일부터 16일, 지역에 따라서 7월 13일부터 16일)

봉오도리

오본은 우라봉에盂蘭盆会라 불리는 불교의 공양행사와 일본고유의 조상신앙이 융합된 행사로 저승에 있는 조상의 영혼이 각 가정으로 돌아오는 날로 여겨지고 있다. 오본 연휴에는 많은 귀성인파가 고향을 찾아 성묘를 하며 조상을 기린

다. 이날 각 가정에서는 불단 앞에 오본다나お盆棚라고 불리는 임시 제단을 설치하고 거기에 불단에 있는 조상의 위패를 옮겨 놓는다. 이 기간에는 각 가정에 스님을 불러 불경을 외우게 하여 성대하게 조상을 공양한다. 특히 이 해에 장례가 이루어진 가정에서는 니본新盆이라 하여, 특별한 등을 장식하거나 고인과 각별했던 지인들을 초대하여 공양하는 것이 관습이다. 오본 기간 중에는 전국 각지에서 강강술래와 유사한 봉오도리盆踊り 축제가 열린다.

(7) 오쓰키미お月見(9월 18일경)

오쓰키미의 장식

한국의 추석과 유사한 풍습으로 아름다운 보름달을 바라보며 풍성한 수확물에 감사하는 행사이다. 음력 8월 15일의 보름달은 일년 중 달이 가장 아름다워 「중추명월中秋名月」 또는 「십오야十五夜」라고 한다. 이날에는 쓰키미단고月見団子(달맞이 경단으로 「십오야十五夜」와 관련해서 15개를 바침), 겟페이月餅(중국의 과자로 보름달을 본 따 만든 것), 가을 수확물로 고구마, 감, 사과, 배 등 둥근 모양을 한 작물, 아키노 나나구사秋の七草[3] 등의 공양물을 베란다나 창가의 테이블 위에 장식해 두며, 친구들을 초대하여 함께 보름달을 감상한다.

3) 가을 7초로 억새, 도라지꽃, 찔레꽃, 칡꽃, 여랑화, 패랭이꽃, 등골나물을 일컫는다.

제4장 일본의 역사

1. 부족 국가와 야마토 왕권
2. 왕권과 신권의 대립
3. 막부정치와 전란의 시대
4. 제국주의 전쟁과 경제대국

1. 부족 국가와 야마토 왕권

(1) 고대 일본의 시작

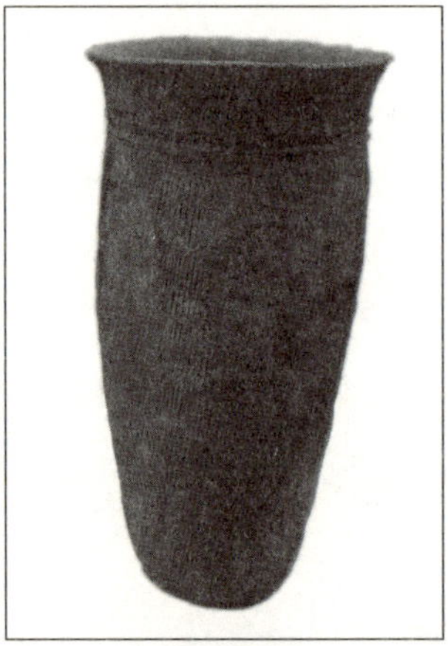
조몬토기

약 1만 6500년 전부터 시작된 일본의 신석기시대는 일반적으로 조몬縄文시대라 불린다. 이 시기에 일본열도에 살던 사람들은 새끼줄 무늬를 겉면에 새겨 넣은 조몬토기를 생산하여 사용하였고, 바위 그늘이나 동굴 등에서 거주하던 구석기시대와는 달리 지면을 원형이나 방형으로 파내어 기둥을 세우고 지붕을 덮은 수혈식 주거竪穴式住居에서 생활하였다. 또한 산이나 들판에서는 활과 같은 무기를 만들어 수렵을 하거나 식물의 채집을 통해 식량을 조달하였으며, 강이나 바닷가 근처에서는 물고기와 조개잡이가 활발하였다. 이 당시의 것으로 추정되는 패총貝塚이 오늘날 일본 각지 2500여 곳에 존재한다.

(2) 부족 국가의 성장

기원전 9세기경부터 기원후 3세기경까지는 일본에서 야요이弥生시대라 불려지는데, 이는 이 시대를 경계로 조몬토기와 달리 밝은 갈색을 띠고 얇고 가벼운 모양의 야요이토기가 발견되기 때문이다. 조몬시대를 거치며 점차 정착생활로 이행하던 고대 일본인들은 야요이시대에 들어서자 농사를 지으며 한 곳에서 무리를 지어 살아가는 집단적 농경사회를 이루기 시작하였다. 또한 농경사회의 발전을 통해 부의 축적이 이루어지면서 집단내에서 신분의 차이가 발생하게 되고, 일본 열도 각지에 이러한 대형화된 지역 집단들이 늘어나게 된다. 이렇게 형성된 각 지역의 집단들은 오랜기간 동안 발전과 소멸을 지속해 왔으며 기원전 후에 이르러서는 일본 열도에 약 100개의 지역 국가가 난립하였다. 『후한서後漢書』의 「동이전」에 의하면 오늘날 규슈 북부에 위치했던 것으로 추정되는 일본의 지역 국가 중 하나인 나奴국이 광무제로부터 금인金印을 하사받은 것으로 기록되어 있다. 이후 각 지역에 난립하던 국가들은 주변의 세력을 흡수하여 연합국가로 발전하게 되고 야요이시대 말기에는 이러한 연합국가간의 대규모 전쟁이 계속되었다. 『삼국지三国志』의 「위지왜인전」에 따르면 이 시기에 존재했던 야마타이邪馬台국은 히미코卑弥呼라 불리던 여왕이 다스리던 나라로 약 30개의 국가로 구성된 연합체로 기록되어 있다.

금인

(3) 야마토 왕권의 탄생

4세기 후반부터 일본에는 기존의 연합국가들을 통일하여 중앙 왕권을 확립시킨, 훗날 야마토大和왕권이라 불리는 세력이 등장하게 된다. 초기 야마토왕권은 일본 혼슈의 주요부를 지배하며 중국대륙 및 한반도와의 외교관계를 구축하고, 이들 지역으로부터 선진 문명과 물자를 수용하였다. 이후 5세기에 들어서자 야마토 왕권은 그 중심지를 오늘날 오사카 인근의 평야지대로 옮겨, 『니혼쇼키日本書紀』에서 천황가의

닌토쿠천황 고분

초기 계보를 형성하는 것으로 전해지는 5왕시대에 들어서게 된다. 과거에는 역사적으로 야마토시대라는 명칭이 주로 사용되었으나 오늘날에는 이 시기에 일본 각지에 전방후원前方後円형태의 고분古墳들이 등장함에 따라 고분시대라 칭해지는 경우도 있다.

2. 왕권과 신권의 대립

(1) 왕권의 강화와 나라시대의 성립

6세기 후반에 야마토 왕권은 또 다시 그 본거지를 오늘날 나라현 인근지역인 아스카飛鳥로 옮기고 국내지배의 안정을 도모한다. 이 시기에 중국대륙과 한반도를 통해 일본에 불교와 한자가 유입되어 훗날 아스카문화라 불리는 사원을 중심으로 하는 불교문화가 형성되었다. 또한 스이코推古천황대에 이르러서는 당대의 실권자인 쇼토쿠聖徳태자가 호족세력인 소가蘇我씨와 협력하여 중국에 견수사遣隋使란 외교사절을 파견하고, 조정의 신하들을 12등급으로 나눈 관위십이계冠位十二階와 관료나 귀족의 도덕적인 규범을 정한 17조 헌법十七条の憲法을 제정하는 등, 천황을 중심으로 하는 중앙집권적인 국가체제의 확립에 노력하였다. 다만 이러한 노력에도 불구하고 아스카의 호족들이 점차 그 세력을 확대하여 왕권을 위협하였다. 특히 소가씨는 4대에 걸쳐서 조정의 실권을 장악하여 권력을 휘두르며 거대 호족세력으로 성장하였다. 이에 훗날 덴치天智천황이라 불리는 나카노오에노오지中大兄皇子와 후지와라藤原씨의 시조에 해당하는 나카토미노 가마타리中臣鎌足가 공모하여 조정의 대신인 소가노 에미시蘇我蝦夷와 이루카入鹿 부자를 처단하고 646년에 천황중심의 왕권강화를 위한 정치개혁인 다이카大化의 개신을 단행하였다. 소가씨를 척결하고 왕권강화를 꾀한 덴치천황이었으나 이미 황태자로 내정되어 있던 동생 오아마노오지大海人皇子를 밀어내고 자신의 아들인 오토모노오지大友皇子를 무리하게 후계자로 지정하여 672년에 진신壬申의 난이란 황위계승을 둘러싼 동족간 내란의 빌미를 제공하였다. 결국 진신의 난에 승리한 덴무天武천황(오아마노오지)은 조카인 오토모노오지를 몰아내고 강력한 지도력을 바탕으로 천황의 신성을 강화하여 왕을 정점으로 한 중앙집권적 율령국가 체제의 기반을 확고히 하였다.

8세기에 들어서자 일본의 수도는 당나라의 장안을 모방한, 오늘날 나라현 인근에 축조된 헤이조쿄平城京로 천도하였다. 이곳을 중심으로 이후 약 80년 동안 일본의 정치, 문화가 발달한 시기를 나라奈良시대라 부른다. 이 시기의 일본은 율령국가 체제가 발전, 심화되어 왕권의 강화와 관료에 의한 통치체제가 점차 확립되어 나아갔으며, 농지의 지급과 수용에 관해 규정한 반전제班田制나 세금 징수의 기준을 마련한 조용조제租庸調制 등의 정책이 시행되어 일반 민중에 대한 체계적인 통치도 본격화 되어 갔다. 그리고 이 시기의 일본은 대륙의 선진문물과 기술 그리고 불교경전 등을 손에 넣기 위해 중국에 견당사遣唐使를 파견하였으며, 이를 통해 유입된 불교문화가 크게 융성하여 대형 사찰이 많이 건축되었다.

도다이지

이 시기를 대표하는 문화재로는 나라현 아스카무라明日香村에 위치한 다카마쓰즈카高松塚 고분 안의 석실에 그려진 벽화를 꼽을 수 있다. 백호, 현무, 여인군상 등 우리나라의 고구려 고분 안에 그려진 벽화와 유사하다. 또한 이 시기의 대표적인 불교 문화재로는 나라현 나라시에 위치한 도다이지東大寺 안의 본존 불상을 꼽을 수 있다. 일반적으로 도다이지 대불이라 불리는 이 불상은 745년부터 제작되기 시작하여 752년에 완성되었으며, 높이 약 15미터, 무게 380톤을 자랑하는 거대 불상이다.

도다이지 대불

(2) 헤이안시대의 후지와라 귀족사회

8세기말부터 12세기말까지 일본의 수도는 오늘날 교토의 중심부에 해당하는 지역에 건축된 헤이안쿄平安京였으며 따라서 이 시기를 가리켜 헤이안平安시대라 칭한다. 헤이안시대에는 율령제를 중심으로 한 중앙집권적 정치제도가 수정 및 보완되었다. 그 중에서 가장 큰 변화는 조세의 대상을 사람에서 토지로 전환한 것이었다. 이에 따라 세금이 부과되는 각 지방의 토지들은 일단 그 지역의 유력자에게 권한이 이양되고 이를 중앙 정부에서 파견한 관리가 관할하도록 정한 이른바 왕조국가체제가 성립되었다. 즉 중앙분권적인 지배체제로의 전환이 이루어지기 시작한 것이다. 이후 헤이안시대 중기를 거쳐 정치적으로 안정된 중앙정부에는 세습을 통해 전문 관료로 성장한 귀족층이 등장하였고, 지방에서는

헤이안쿄 모형

행정업무를 총괄하는 수령受領계층과 치안유지를 담당하는 무사계급이 점진적으로 세력을 확대해 나아갔다. 특히 중앙정부의 상류귀족 중에서는 천황가의 외척으로 정치적 입지를 확고히 하여 섭정摂政을 펼치기도 하였는데 그 대표적인 인물로 후지와라노 미치나가藤原道長를 꼽을 수 있다. 그는 헤이안시대의 명문귀족인 후지와라 가문을 대표하는 인물로 3명의 딸을 천황의 비로 삼게 하여 외손자들을 차례로 황위에 올려 배후에서 정치를 관장하며 천황을 능가하는 당대 최고의 실권자로 이름을 떨쳤다. 헤이안시대 말기에 이르러 섭정정치의 심화로 인해 왕권은 점차 약화되고 중앙정부에서는 일부 귀족들간의 끊임없는 세력다툼이 계속되었다. 각 귀족들은 정적政敵인 다른 귀족세력을 제거하기 위해 지방의 무사계층을 포섭하여 호위무사로 삼기 시작하였고, 이는 무사계층의 지위에 커다란 변화를 가져왔다. 귀족들의 세력다툼 속에서 본인들의 지위향상을 추구함과 더불어 정치적 실권에 대한 욕망을 키워온 무사계층은 마침내 귀족세력을 축출하고 중앙의 정치권력을 손에 넣게 되는데, 이러한 정치 무사의 초창기 최대 권력자가 바로 다이라노 기요모리平清盛이다. 상류귀족들의 안하무인적인 태도와 무능력한 정치행태를 타파하고 새로운 질서를 확립하고자 했던 다이라노 기요모리를 중심으로 한 다이라平씨 일족은 그들 나름의 개혁과 변화를 시도하였으나 점차 귀족사회에 동화되어 구태의연해지고, 결국 숙적이었던 미나모토源씨와의 전투에서 패하여 멸망하게 된다.

헤이안시대를 대표하는 건축물로는 이쓰쿠시마厳島신사와 주손지中尊寺를 꼽을 수 있다. 히로시마현 하쓰카이치廿日市시에 위치한 이쓰쿠시마신사는 본전本殿 건물과 바다 속에 세워진 도리이鳥居로 유명하다. 헤이안시대 말기에 다이라노 기요모리에 의해 현재와 같은 모습으로 만들어졌으며 1996년에는 세계문화유산으로 등록되었다. 한편 이와테현 히라이즈미쵸平泉町에 위치한 주손지中尊寺는 850년에 고승 엔닌円

仁에 의해 창건되었고, 이후 12세기 초반에 동북지방 일대를 다스리던 후지와라노 기요히라藤原清衡에 의해 대규모로 증축되었다. 이곳에는 헤이안시대 말기의 여러 예술품이 소장되어 있으며 그 중에서도 금박을 입혀 축조된 곤지키도金色堂는 국보로 유명하다. 이쓰쿠시마신사와 마찬가지로 2011년에 세계문화유산에 등록되었다.

이쓰쿠시마신사

3. 막부정치와 전란의 시대

(1) 가마쿠라 막부의 성립

미나모토노 요리토모

다이라씨 일족을 멸망시키고 실권을 장악한 미나모토씨, 그 중에서도 동국지방의 무사들을 이끌고 다이라씨 멸망을 주도한 미나모토노 요리토모源頼朝는 전란을 평정하는 과정에서 곳곳의 다이라씨 통치지역을 수중에 넣어 그 세력을 키워나갔다. 이에 당시 조정의 실권자인 고시라카와後白河 법황은 같은 미나모토씨 일족으로 다이라씨 토벌의 선봉장 역할을 했던 미나모토노 요시쓰네源義経를 회유하여 요리토모 토벌을 명하게 되는데, 이를 알아챈 요리토모는 오히려 조정에 군사들을 대동하고 등장하여 자신을 따르는 동국의 무사단을 전국 곳곳의 영지에 감독관으로 임명할 수 있도록 압박하였다. 한편 형인 요리토모의 토벌을 계획하던 요시쓰네는 도망자 신세가 되어 오늘날 동북지역에 일대 세력을 형성하고 있던 오슈후지와라奧州藤原씨에 의지하나 결국 요리토모의 군사들에 의해 제거된다. 훗날 불운한 영웅으로 회자되던 요시쓰네의 생애는 『요시쓰네센본자쿠라義経千本桜』 등과 같은 문학작품의 성립에도 영향을 끼쳤다. 이 무렵 미나모토노 요리토모는 천황의 거처이자 수도인 교토에서 멀리 떨어진 가마쿠라鎌倉에 터를 잡고 주요지역에 자신을 따르는 무사들을 배치함으로써 일본 전국을 무력으로 지배하는 구조를 갖추게 되었고, 1192년에 정이대장군征夷大将軍으로 임명되어 일본 역사상 첫 번째 막부인 가마쿠라 막부를 성립시킨다.

산주산겐도

이 시기를 대표하는 불교 문화재로는 교토의 히가시야마東山에 1165년경 세워진 산주산겐도三十三間堂를 꼽을 수 있다. 이 불당 안에는 국보로 지정된 높이 약 3미터의 천수관음좌상千手観音坐像을 중심으로 중요문화재인 높이 약 1미터 60센티 가량의 천수관음입상千手観音立像 1001체가 계단식으로 좌우에 배치되어 장관을 이룬다.

천수관음상

가마쿠라 막부 성립 이후에도 전국은 다이라씨의 잔당과 조정세력의 반란 등으로 전란이 계속되었다. 그러던 중 막부의 설립자인 미나모토노 요리토모가 사망하자 막강한 정이대장군의 권력은 고케닌御家人이라 불리던 유력 부하 가문들에 의해 제한되었으며, 이들의 합의에 의한 의사결정이 이루어지기 시작하였다. 그리고 이러한 고케닌 중 단연 두각을 나타낸 것이 바로 미나모토노 요리토모의 부인 마사코政子

의 아버지인 호조 도키마사北条時政였다. 이로써 미나모토 일족이 대대로 계승하던 쇼군직은 유명무실해지고 막부정치의 실권은 싯켄執権이라 불리던 호조 도키마사의 손에 들어가게 된다. 이후 호조 가문이 대대로 싯켄의 지위를 물려받으며 가마쿠라 막부는 쇼군에 의한 통치가 아닌 싯켄정치가 중심이 되었다.

(2) 몽고의 침략과 가마쿠라 막부의 몰락

13세기후반 동북아시아에는 몽고족에 의해 건립된 원나라가 그 세력을 키워 남송과 고려를 압박함과 동시에 일본에게도 조공을 요구하였다. 그러나 당시 일본 막부의 싯켄이었던 호조 도키무네北条時宗는 이를 계속 무시하였고 결국 원의 일본침공이 시작된다. 1274년 원나라의 첫 번째 침공으로 쓰시마, 이키壱岐 등이 습격당하고 규슈 북부의 하카타만에 상륙한 원나라 군대 앞에 가마쿠라의 무사들은 고전을 면치 못하였다. 그러나 익숙하지 않은 바다를 건너와 싸우게 된 원나라 병사들의 피로가 누적되면서 결국 철수하게 된다. 이후 남송을 멸망시키고 중국대륙을 장악한 원나라 황제 쿠빌라이 칸은 1281년에 대군을 보내어 두 번째 일본 정복에 나선다. 그러나 하카타만 일대에 방어벽을 구축한 규슈지역의 고케닌 무사들의 저항과 때마침 불어 닥친 폭풍우로 인해 원나라의 대군은 큰 손실을 입고 후퇴하게 된다.

원나라 군대가 물러가고 난 뒤 가마쿠라 막부의 영향력이 증대된 것으로 생각될 수 있으나 실상은 그렇지 못했다. 원나라 군대의 침략을 막는데 동원된 지역의 고케닌들에게 막부는 그에 상응하는 보상을 해주어야 했으나 외국에서 침략해온 적에게서는 새로운 영토를 얻을 수 없었다. 따라서 지역의 고케닌들은 자신들의 활약에 따른 새로운 영토를 얻는데 실패하게 되고 막부에 대한 불만이 증가한다. 한편 가마쿠라 막부의 요직은 점차 호조 일족에 의해 채워지게 되고 싯켄정치를 벗어나 호조 일족과 그 수하들의 전제정치가 시작된다. 같은 고케닌 출신임에도 불구하고 호조 가문이 막부정치를 독점하게 되자 나머지 유력한 고케닌 세력은 이에 대한 불만을 품게 되고, 더불어 이즈음부터 교토인근의 긴키지역을 중심으로 경제력을 갖춘 신흥무사 세력이 대두하게 된다.

아시카가 다카우지

가마쿠라 대불

14세기에 들어서자 지금까지 가마쿠라 막부 세력에 밀려 정치적 영향력을 발휘하지 못하던 천황과 조정세력이 다시 고개를 들기 시작한다. 이 시기의 천황가는 황위계승 문제를 둘러싸고 지묘인持明院 계통과 다이카쿠지大覚寺 계통이 서로 대립상태에 있어 커다란 힘을 발휘하지 못하고 있었다. 오히려 막부의 제안으로 양쪽 계통은 서로 번갈아 가면서 황위에 오르게 되어, 막부의 조정에 대한 입지가 더 커지는 빌미를 마련해 주었다. 이러한 상황에 대해 큰 불만을 갖고 있던 고다이고천황은 두 번에 걸쳐 막부 타도 계획을 수립하나 모두 실패로 끝나고 말았다. 비록 실패하기는 했으나 이러한 조정의 가마쿠라 막부에 대한 반발은 이후 긴키지방의 신흥 무사세력과 각지의 유력 고케닌들로 하여금 반기를 들게 만들었다. 결국 유력 고케닌 출신인 아시카가 다카우지足利尊氏와 닛타 요시사다新田義貞 등의 활약으로 1333년에

호조 일족의 멸망과 더불어 가마쿠라 막부시대가 막을 내리게 된다.

가마쿠라 시기를 대표하는 문화재로는 가나가와현 가마쿠라시에 위치한 고토쿠인高德院의 본존 불상인 가마쿠라 대불을 꼽을 수 있다. 높이 약 11미터, 무게 약 121톤이며, 청동으로 만들어진 이 불상은 안쪽이 비어있어 일반인도 내부를 견학할 수 있다.

(3) 남북조시대와 무로마치 막부의 성립

고다이고천황

호조 일족이 멸망한 후 조정의 힘을 되찾기 위해 고다이고천황은 친정을 펼치며 여러 가지 개혁정책을 내세우나, 이미 거대 세력으로 성장한 무사계층을 약화시키기에는 역부족이었다. 결국 가마쿠라 막부 타도의 선봉장이었던 아시카가 다카우지가 지묘인 계통의 고묘光明천황을 옹립하고, 1338년에 정이대장군에 임명되어 새로이 무로마치室町 막부를 개설하여 무가정치를 부흥시켰다. 이에 반발한 고다이고천황은 지지세력과 함께 남쪽의 요시노吉野지방으로 피신하여 황위의 정통성을 주장하게 되고, 이로 인해 일본은 교토의 북조와 요시노의 남조가 양립하는 남북조南北朝시대에 접어들게 된다. 이후 60여년 동안 지속된 남북조의 대립으로 인해 일본 각지에서는 전란이 계속되고, 이런 가운데 막부로부터 지방의 통치권한을 위임받은 슈고守護들 중 일부가 지역경제를 장악하고 가신家臣들을 늘려나가며 커다란 세력을 형성하여 슈고다이묘守護大名로 성장하였다.

무로마치 막부의 3대 쇼군인 아시카가 요시미쓰足利義満는 1392년에 남북조의 통합을 달성하고 각지의 슈고다이묘들을 굴복시켜 전국 지배를 강화하였다. 그러나 여전히 각 지방에서 큰 세력을 떨치는 슈고다이묘들의 존재는 무로마치 막부에게 커다란 부담으로 작용하였으며 이에 쇼군 요시미쓰는 조정과 힘을 합쳐 권력 유지를 꾀하였다. 막부 초기 지방의 슈고다이묘와 중앙의 막부세력은 서로 팽팽히 대립각을 세우며 힘의 균형을 유지했으나, 6대 쇼군 아시카가 요시노리足利義教 때에 이르러서는 지방의 슈고다이묘의 세력이 더욱 강해져 서로간의 세력다툼이 빈번해졌다. 결국 쇼군 요시노리가 죽고 난 뒤 차기 쇼군 계승문제를 둘러싸고 슈고다이묘의 양대 산맥인 호소카와 가쓰모토細川勝元 세력과 야마나 모치토요山名持豊 세력으로 전국이 양분되어, 11년 동안 전란이 지속되는 오닌応仁의 난이 발생하였다. 결국

오닌의 난

이러한 전란기가 지속되자 농민들은 생존권을 사수하기 위해 전국 각지에서 농민무장봉기一揆를 일으켰고, 이러한 농민들의 불만을 흡수하며 종교조직인 잇코슈一向宗가 각지에서 급속도로 세력을 확대하였다. 또한 실력 있는 무사들이 자신의 주군을 배신하고 그 세력 기반을 빼앗는 하극상下克上 풍조가 만연해졌다.

(4) 전국시대의 도래

오닌의 난 이후 이러한 하극상 풍조가 전국적으로 널리 확대되면서, 각 지역에서는 실력 있는 무장들이 새로이 독자적인 힘을 키워 통치 영역을 확대해 나가는 센고쿠다이묘戦国大名가 등장하게 되었다. 이에 따라 일본 전국은 교토의 막부세력과 더불어 호조北条, 우에스기上杉, 다

케다武田, 이마카와今川, 모리毛利 등 각 지역에 센고쿠다이묘들이 군웅할거하며, 약 100년간에 걸친 전국시대가 도래하게 된다. 점차 그 세력이 약화된 무로마치 막부는 전국시대의 혼란 속에 간신히 명맥만 유지되었으며, 센고쿠다이묘들은 하나같이 교토로 진출하여 명실상부한 전국의 지배자가 되고자 힘썼다. 그리고 가장 먼저 이를 달성한 무장이 오와리尾張에 기반을 둔 오다 노부나가織田信長이다. 약소국이었던 오와리의 영주 오다 노부나가는 1560년 오케하자마桶狭間에서 같은 지역의 최대 실력자인 이마가와 요시모토今川義元의 대군을 기습하여 격파하고, 이후 세력을 확대하여 인근지역을 장악한 뒤에 1568년에 교토에 진출하여 아시카가 요시아키足利義昭를 쇼군직에 앉히고 실권을 장악하였다. 이후 오다 노부나가는 종교조직인 잇코슈를 정벌하는 한편, 자신에게 불복종하는 쇼군 요시아키를 추방하고 그 추종세력을 일소하여 무로마치 막부를 멸망시킨다. 또한 1575년에는 나가시노長篠의 전투에서 최대 라이벌인 다케다武田 가문의 기마부대를 유럽에서 전래된 뎃포鉄砲를 활용하여 괴멸시켰다. 이로써 교토를 중심으로 그 세력을 크게 확장한 오다 노부나가는 비와琵琶호 주변에 아즈치安土성을 건설하고 주고쿠지방의 실력자인 모리毛利 가문의 토벌을 계획한다. 1582년 6월 아즈치성을 떠나 교토의 혼노지本能寺에 머물고 있던 오다 노부나가는 부하 장수인 아케치 미쓰히데明智光秀의 모반으로 인해 목숨을 잃고 만다.

오다 노부나가

오다 노부나가 사후 그 세력을 이어 받은 것은 도요토미 히데요시였다. 모리 가문의 토벌을 수행하던 중 주군 노부나가의 죽음을 접한 히데요시는 전투를 중지하고 한걸음에 교토로 되돌아와 배신자 아케치 미쓰히데를 처단하는데 성공한다. 이후 오다 노부나가의 후계자로서 지위를 확립한 히데요시는, 1585년부터 약 5년간에 걸쳐 시코쿠, 규슈, 관동지역 등을 공략하여 수중에 넣고, 나머지 지역의 다이묘들을 복종시켜 전국통일을 완성한다. 또한 조정까지 장악하여 간파쿠関白란 지위까지 얻게 된 히데요시는 이후 두 번에 걸쳐 조선을 침략하나 성공하지 못하고 1598년 9월에 병사한다.

히데요시가 사망하기 전 어린 아들인 히데요리秀頼의 후견인으로 삼은 인물이 바로 도쿠가와 이에야스徳川家康였다. 이에야스는 오다 노부나가와 동맹관계를 맺어 관동지방으로 세력을 확장하던 센고쿠다이묘 중 한사람이었다. 관동지방을 호령하며 약 250만석의 다이묘로 성장하여 호시탐탐 전국제패를 꿈꿔오던 이에야스는, 도요토미 가문을 멸망시키고 천하를 손에 넣을 야심을 드러내기 시작하였다. 이를 간파한 이시다 미쓰나리石田三成와 고니시 유키나가小西行長 등 도요토미 가문의 신하들은 결국 이에야스와의 전쟁을 준비하게 된다. 1600년 10월에 두 세력은 세키가하라関ヶ原에서 일대 전투를 벌이고, 결국 미쓰나리의 서군은 이에야스가 이끄는 동군에 패배한다. 이로써 도요토미 가문은 그 힘을 잃게 되고 일본 각지의 다이묘들은 도쿠가와 가문에 굴복하여 1603년 드디어 일본의 마지막 막부인 에도江戸막부가 성립된다.

세키가하라 전투

전국시대 말부터 에도시대 초기에 걸쳐 성립된 대표적인 문화재로는 후진라이진즈風神雷神図와 라쿠추라쿠가이즈洛中洛外図를 꼽을 수 있다.

먼저 후진라이진즈는 당대의 일류 화가였던 다와라야 소타쓰俵屋宗達가 그린 병풍화이다. 화려한 금색 배경 위에 풍신風神과 뇌신雷神이 중앙의 여백을 두고 양 끝에 배치된 독특한 구도를 보이는 이 그림은 현재 교토국립박물관에 소장되어 있다. 또한 라쿠추라쿠가이즈는 일반적으로 당시의 교토 중심지인 라쿠추와 교외인 라쿠가이의 모습을 그린 풍속화를 일컫는다. 주로 무로마치시대 중기부터 활약한 전문 화가집단인 가노파狩野派에 의해 그려졌다. 그중에서도 특히 오늘날 국보로 지정된 가노 에이토쿠狩野永德의 작품이 유명하다.

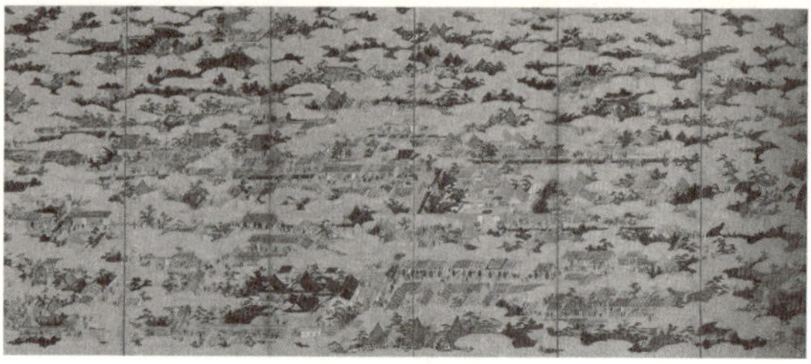

라쿠추라쿠가이즈

(5) 에도막부의 성립과 체제정비

에도막부는 지방 세력의 감시와 쇼군의 통치권 확립을 위해 막번幕藩 체제를 유지하였다. 세키가하라 전투 이후 일본 전국의 영토는 200여개의 번으로 나뉘었는데 이를 다스리는 다이묘들은 도쿠가와 가문과의 친소親疎 관계에 따라 3부류로 구분되었다. 먼저 도쿠가와 일족 출신의 신판다이묘親藩大名, 그리고 도쿠가와 가문의 가신으로 오랫동안 활약했던 후다이다이묘譜代大名, 마지막으로 세키가하라 전투를 전후로 새롭게 도쿠가와 가문에 충성을 맹세한 도자마다이묘外様大名이다. 이들 다이

에도시대 거리 모형

묘들은 전국시대의 센고쿠다이묘들과는 달리 상호간의 견제와 감시하에 놓이게 되어 독자적인 세력을 키워나가기 어렵게 되었다. 또한 에도막부는 지방의 다이묘들이 지켜야할 수많은 규칙과 의무를 만들어 이들을 통제하는데 적극 활용하였으며, 전국의 중요한 광산과 시장을 직접 관할 아래에 두어 경제적인 우위를 유지하여 나갔다. 또한 오랜 전란으로 어려워진 농촌을 살리고 상업과 공업이 발전하도록 유도하여 지지기반을 확고히 하였으며, 기독교를 금지시켰다. 그리고 나가사키의 데지마出島를 통한 중국 및 네덜란드와의 교역, 또는 쓰시마번을 중개자로 한 조선과의 교역 이외에는 외국과의 교류를 일체 금지하는 쇄국정책을 시행하였다. 이와 같은 막부의 국내 중시정책에 따라 1680년대 후반부터 1700년대 초반에 걸친 겐로쿠元禄시대에 들어서자 기존의 농업생산력과 각 지역의 조카마치城下町를 중심으로 한 자급형 경제활동이 활발히 이루어졌다.

데지마 모형

제5대 쇼군 도쿠가와 쓰나요시德川綱吉시대에 들어서자 물자와 인적자원의 활발한 교류로 인해 상공업자들이 재정적인 여유를 확보하였으나, 직할령과 광산 등의 수입 감소로 인해 막부의 재정상태는 점점 악화되기 시작하였다. 이러한 상황 속에서 1716년에 제8대 쇼군에 취임한 도쿠가와 요시무네德川吉宗는 교호享保의 개혁이라 불리는 긴축재정 정책을 실시하였다. 재정상태를 개선하기 위해 요시무네는 막부 내부의 근검절약을 철저히 시키는 한편 다이묘들에게서 쌀로 걷는 세금을 작황의 정도에 따라 결정하던 기존 방식을 버리고 과거의 수확량을 근거로 일정량을 산출하여 거두어 드리는 정책을 시행하였다. 이를 통해 막부는 정기적이고 안정적인 수입원을 확보할 수 있게 되었다. 또한 상공업자들에 대한 통제정책을 시행하여 물가의 급속한 상승을 억제하였으며 대규모 농지 개발에 착수하고 천민구호 정책 등을 단행하였다. 이러한 노력으로 요시무네가 취임하였을 당시 거의 바닥을 드러내던 에도막부의 재정상태는 1730년에는 약 100만량의 예비금을 소유할 정도로 크게 호전되었다.

그러나 이러한 개혁정책은 근본적으로 농업중심의 세원 의존율을 더욱 증가시키는 결과를 초래하게 되고, 1700년대 후반에 이르자 가중된 농민의 부담과 쌀 가격의 하락으로 막부의 재정상태는 또 다시 어려움에 빠진다. 이를 해결하기 위해 막부의 중신인 다누마 오키쓰구田沼意次는 기존의 농업중시 노선을 변경하여 상업중시 정책을 시행하고자 한다. 즉 시장경제를 활성화시켜 상공업자들에게 일부 독점권을 부여하는 대신 더 많은 세금을 거둬드려 막부의 재정을 안정화시키려고 노력하였다. 다누마의 상업중시 정책은 농민들의 부담을 줄이고 상공업자들의 부담을 늘려 막부의 재정악화를 일부분 완화시켰으나 막부 관리들과 상공업자들 사이의 뇌물을 통한 유착관계가 형성되는 문제점을 야기시켰다. 결국 다누마가 시행한 막부의 과도한 상공업중시 정책은 농업과 공업을 장려하는 반대세력에 의해 비판의 대상이 되었으며 때마침 일어난 덴메이天明의 대기근과 이에 촉발된 농민들의 봉기로 인해 중지되었다.

다누마 오키쓰구가 실각하고 나서 그 자리를 대신한 인물은 보수적이고 유교적인 사상이 강한 마쓰다이라 사다노부松平定信였다. 그는 다누마가 시행한 대표적인 상업중시 정책인 상인들의 독점권과 전매제 등을 폐기하여 특권 상인층을 억제하고, 피폐해진 농촌지역의 부흥을 위해 에도로 유입된 지방의 농민들에게 지원금을 대여하여 귀농시켰다. 에도 중기에 마쓰다이라 사다노부에 의해 시행된 이러한 일련의 정책을 가리켜 간세이寬政의 개혁이라 칭한다. 중농정책을 통해 농민의 생활을 안정시킴과 동시에 막부의 재정난을 해결하고자 한 간세이의 개혁정책은 뚜렷한 실적을 거두지 못한 채 마쓰다이라 사다노부의 실각과 함께 좌초된다.

이후 1800년대 중반에는 전국적인 흉작이 계속되어 쌀 부족과 물가 폭등으로 인한 덴포天保의 대기근이 발생하였다. 농민들은 무장봉기를 통해 막부와 다이묘들의 안일한 대응에 불만을 표출하였으며, 1837년에는 오사카의 지방 관리인 오시오 헤이하치로大塩平八郎가 상급 관리들의 부정부패에 분개하여 막부에 대해 반란을 일으켜 진압되는 사태까지 발생하였다. 에도막부는 실추된 막부의 권위를 회복하고 농민들의 불만을 해소하기 위해 중신인 미즈노 다다쿠니水野忠邦를 중심으로 개혁정책을 시행하였는데 이를 덴포天保의 개혁이라 부른다. 덴포의 개혁은 기본적으로 이전의 간세이의 개혁과 유사한 점이 많았다. 상공업의 발달이 이미 안정기에 접어든 상황임에도 불구하고 구태의연한 농업중심의 부흥정책을 시행하였고, 막부의 권위를 높이기 위해 문화와 사상을 통제하여 일반 서민들의 강한 반발을 불러일으켰다. 또한 막부의 재정난을 타개하기 위하여 에도와 오사카 주변 지역을 새로이 직할지로 편입하려 하였으나 지역 다이묘들의 강력한 반대에 부딪혀 실패하였다. 결국 덴포의 개혁은 시행 2년만에 미즈노 다다쿠니의 실각으로 성과 없이 끝났다.

닛코 도쇼구

에도시대를 대표하는

문화재로는 도치기현 닛코日光시에 위치한 닛코 도쇼구日光東照宮를 꼽을 수 있다. 이곳은 에도시대의 초대 쇼군인 도쿠가와 이에야스를 신격화한 도쇼다이곤겐東照大權現을 모시는 곳으로, 일본 전국에 건립된 도쇼구의 총본산이다.

4. 제국주의 전쟁과 경제대국

(1) 막부시대의 종언과 메이지 유신

에도막부 말기에 이르자 계속되는 개혁 정책의 실패로 인해 막부의 권위는 급격하게 약화되고, 반대로 조슈長州, 사쓰마薩摩, 도사土佐 등과 같은 지방의 몇몇 번들은 자체적인 개혁정책을 성공시키며 재정적 안정을 바탕으로 중앙정권인 막부에 대해 커다란 영향력을 행사하게 되는데, 이들을 가리켜 웅번雄藩이라 칭한다. 1853년과 54년 두 번에 걸쳐 미국의 동인도함대 사령관인 매튜 페리 제독이 일본 해상에 나타나 개국과 통상조약의 체결을 요구하자, 에도막부는 뚜렷한 대책을 세우지 못하고 결국 미일화친조약을 체결하고 만다. 이후 1858년에 에도막부는 원로대신인 이이 나오스케井伊直弼의 주도 하에 조정의 허락없이 영국, 러시아, 네덜란드 등의 서양열강과 차례로 화친조약을 체결하게 되고 조정을 중심으로 세력화한 양이파攘夷派는 이러한 에도막부의 독단적인 정치에 크게 반발하게 된다. 이에 이이 나오스케는 막부의 대외정책을 비판하는 인사들을 대거 투옥시켜 처형하는 안세이安政의 대옥을 단행하고 결국 자신도 1860년 3월 3일 에도성으로 입성하던 중 반대파에 의해 살해당한다. 이 사건을 계기로 막부의 중신들에 의해서 추진되던 정책들이 혼란에 빠지게 되고 일본 전역에서 존왕양이尊王攘夷 운동이 본격화되어 일본 내에 체류 중인 외국인에 대한 습격과 살상사건 등이 다발한다. 조정의 요구와 존왕양이 운동의 과격화를 진정시키

구로후네 내항

기 위해 에도막부는 양이 정책의 시행을 약속하게 되고 이에 따라 웅번 중 하나인 조슈번은 자신들의 관할지역인 간몬關門해협을 통과하는 외국선박에 대해 무차별적인 포격을 감행하고 해협을 봉쇄한다. 이에 영국, 미국, 프랑스 등의 서양열강은 해군력을 동원해 조슈번의 해안포대와 함대를 무력화시켰다. 서구열강과의 군사적 격차를 실감한 조슈번은 이후 양이노선을 포기하고 오히려 막부 타도를 계획한다. 또한 규슈의 남쪽에 위치한 또 다른 웅번인 사쓰마번 역시 영국과의 무력충돌을 통해 서구열강의 막강함을 깨닫고 우호관계를 구축하기 위해 노력한다. 이렇듯 서구세력과 결탁한 지역 웅번들의 영향력이 점차 강화되고 조정 또한 이들 세력과 협력하자, 도쿠가와 정권은 대정봉환大政奉還을 단행하여 에도막부를 해체하고 여러 웅번들과 함께 연합체를 만들어 그 정치적 영향력을 유지하려고 시도한다. 그러나 이미 그 힘을 잃은 막부의 이러한 계획은 조슈와 사쓰마 세력에 의해 좌절되고, 1868년에 메이지明治천황의 왕정복고王政復古 선언을 시작으로 일련의 메이지유신이 단행된다.

이후 조슈와 사쓰마번을 중심으로 한 메이지 신정부와 에도막부의 마지막 쇼군인 도쿠가와 요시노부德川慶喜를 중심으로 한 구막부파가 일본 각지에서 무력충돌을 벌이는 보신戊辰 전쟁이 발발하게 되고, 서양식 신무기를 도입한 신정부군의 물량공세에 결국 구 막부파가 패배하면서 에도막부는 역사 속으로 사라지게 된다. 메이지 정부 수립이후 서양식 근대제도가 급속도로 도입되고 신분제도 또한 유명무실해지면서 사족士族이라 불리던 과거 에도시대의 무사계급, 특히 하급무사들의 생활은 극심한 어려움에 빠진다. 때마침 메이지 정부에서 정한론征韓論을 주장하다 반대파에 의해 실각한 사이고 다카모리西郷隆盛를 중심으로 규슈지역의 사족들이 반란을 일으켜 메이지 정부가 이를 토벌하는 세이난西南 전쟁이 발발한다. 한때 규슈지역의 주요거점을 점거하며 그 세력을 확대해 나가던 반란세력은 결국 군사력의 열세를 만회하지 못하고 사이고 다카모리의 자결과 함께 해체되는데, 이는 수백 년 동안 지속된 무사시대의 종언을 알리는 상징성을 갖는다.

사이고 다카모리

(2) 문명개화와 제국주의 전쟁

세이난 전쟁을 끝으로 국내의 반대세력을 일축한 메이지 정부는 문명개화와 부국강병을 슬로건으로 내걸고 서구열강의 근대적 제도와 문물을 적극적으로 도입하며, 일본의 빠른 근대화를 꾀하였다. 정부주도하에 철도, 수도, 전기 사업 등을 추진하였으며 외국자본의 적극적인 도입과 민간기업의 활성화를 통해, 자국 경제의 후진성을 탈피하려고 노력하였다. 정치적인 면에서도 메이지 헌법의 공포와 제국의회의 개설 등 서구열강의 근대적 정치체제를 도입하였다. 다만 이러한 일련의 정치, 사회, 경제체제의 근대화는 당시 서구열강이 표방하던 제국주의와도 맞닿아 있었다. 결국 이러한 제국주의적 속성을 다른 아시아 국가들보다 일찍 자각한 일본은 주변 국가들에게 서구열강이 취한 제국주의식 수호조약체결을 강요하기에 이른다. 강화도 사건을 통해 조선에 대한 침략적 야욕을 표출한 일본은, 1894년에 발발한 청일전쟁의 승리로 한반도내 영향력을 증대시키고 이후 1904년에 남하하는 러시아 세력까지 패퇴시키면서 그 지위를 확고히 한다. 결국 1905년에 조선에 통감부를 설치한 일본은 1910년 대한제국을 무너뜨리고 식민지 지배를 시작하게 된다.

청일전쟁과 러일전쟁의 승리를 통해 제국주의 노선에 자신감을 갖게 된 일본은 이후 1914년에 발발한 제1차 세계대전에서 영국과의 동맹관계로 인해 연합국 측으로 참전하여, 적국인 독일이 영유하던 중국 산동성의 청도와 남태평양의 도서지역을 공략하였다. 이 결과 일본은 독일이 소유하던 남태평양 도서지역을 차지하게 되었고 중국대륙으로의 본격적인 진출을 꾀하게 되었다. 당시 일본 국내는 다이쇼 데모크라시大正デモクラシー열풍으로 강압적인 정부 정책에 대한 비판과 자유주의 및 사회주의 운동이 활발히 이루어지기 시작하였다. 이에 대해 일본 정부는 1925년에 치안유지법을 제정하여 반정부적인 인사나 단체에 대한 무차별적인 검거를 단행하였다. 한편 제1차 세계대전 이후 호경기를 누리던 일본의 경제상황은 1923년에 발생한 관동대지진関東大震災과 1929년 하반기에 미국에서 시작된 세계공황의 여파로 인해 심각한 위기에 직면하게 된다. 1931년 9월에 일본 국내가 심각한 경제위기에 봉착해 있는 상태에서 중국 북동부 만주지역에 위치한 봉천奉天 근교의 철도가 일본군에 의해 폭파되는 사건이 발생한다. 물론 일본군은 이 사건을 중국군의 소행으로 꾸미고 이를 구실삼아 만주지역에 병력을 투입하여 만주사변満州事変을 일으킨다. 만주지역의 중국군을 몰아낸 일본군은 1932년에 청조의 마지막 황제 부의溥儀

만주사변

를 옹립하여 괴뢰국인 만주국을 세우고, 이를 국제연맹이 인정하지 않자 1933년에 끝내 탈퇴하고 만다.

이 무렵 일본 내부에서는 경제불황의 장기화로 인한 사회불안과 정당정치에 대한 불신이 확대되어 갔으며 결국 1936년 2월 26일에 육군의 청년장교들이 1400여명의 병사들을 이끌고 기존 정치인과 관료들의 숙청과 쇼와천황의 친정親政을 목표로 하는 「2.26」 쿠데타 사건을 일으킨다. 이 사건은 발발 4일 만에 쿠데타군이 투항하면서 실패로 끝나는데 이를 계기로 육군 내부에서는 정치적 성향이 강한 통제파統制派가 전면에 대두하게 된다. 만주국 성립이후 중국대륙에 대한 직접적인 침략을 계획해 오던 일본군은, 1937년 여름에 중일전쟁을 일으켜 12월에는 난징南京을 점령하게 된다. 중일전쟁의 발발과 전선의 확대에 따라 일본은 군수물자의 생산과 노동력의 부족을 보충하기 위해, 1938년에 국가총동원법을 제정하여 정부가 국회의 승인 없이도 효율적인 전쟁 수행을 위해서 인적, 물적 자원을 동원할 수 있는 권한을 부여하였다. 또한 다음해인 1939년에는 국민징용령이 공포되어 민간인들이 군수산업 시설 등에 강제로 동원되었다.

1940년 일본은 유럽을 전쟁의 소용돌이로 몰아넣은 나치스 독일, 이탈리아와 함께 삼국동맹을 선언하고, 다음해인 1941년 12월 8일에 미국 하와이의 해군기지를 습격함으로써 태평양전쟁을 일으킨다. 초반의 기습공격이 유효하게 작용하여 약 1달 만에 동남아시아 일대와 태평양 도서지역의 주요거점을 장악한 일본군은, 이후 반격태세를 갖춘 미군과 영국군의 공격에 고전을 면치 못한다. 특히 1942년 6월에 벌어진 미드웨이해전의 패배로 인해 일본 해군은 항공모함 4척을 잃으면서 해상주도권을 크게 상실한다. 일본 육군 또한 중국 북동부와 동남아시아 일대를 잇는 방대한 전선의 확대로 인해 보급이 중단되면서 극심한 물자부족에 시달리게 되고, 1944년 3월 인도 북동부 지역 공략에 실패하면서 큰 손실을 입게 된다. 결국 해군력의 부족으로 태평양의 해상권을 완전히 빼앗긴 일본은 미군의 오키나와상륙을 저지하지 못하였고, 1945년 8월 히로시마와 나가사키에 두 번의 원자폭탄이 투하되면서 항복하게 된다.

진주만공격

(3) 전후사회와 경제발전

태평양전쟁 패전 이후 일본은 미국을 중심으로 한 연합국의 통치를 받게 되나 실질적으로는 미군에 의한 단독 점령상태나 다름없었다. 연합국군 최고사령관 총사령부(GHQ: General Headquarters)는 약 6년 동안 일본의 전후 개혁을 담당하는 주요 기관이었는데, 그 최종 목표는 일본의 민주화와 비군사화였다. 1946년에 기존의 헌법을 대신하여 천황의 실질적인 정치관여 금지와 비무장을 기본 골자로 하는 일본국헌법이 제정되었고, 아울러 지난 전쟁의 책임을 묻는 극동국제군사재판이 열려 전범에 대한 판결이 내려졌다. 한편 세계정세는 공산진영과 자유진영으로 양분되는 냉전체제로 재편되어 갔으며, 이러한 상황 속에서 주변지역인 한반도에서 전쟁이 발발하게 되자 일본은 전쟁특수를 통해 경제회생을 이루고 예상보다 빠른 시기에 미군정에서 벗어나 주권을 회복하게 된다.

1955년부터 일본은 본격적인 고도성장기에 진입하게 되는데 1970년대 초반까지 연평균 약 10%라는 높은 경제성장률을 기록한다. 이러한

도쿄 야경

경제성장을 바탕으로 1960년대에서 1970년대에 걸쳐 TV, 세탁기, 냉장고, 전화와 같은 상품의 보급이 급속도로 이루어졌으며, 이와 더불어 1950년대 중반부터 시작된 정부의 국민자동차 계획이 성공하면서 1967년에는 자동차 대수가 1천만대를 돌파하여 마이카시대가 도래하였다. 이러한 경제성장과 더불어 주요 국제 대회가 일본에서 차례차례 개최되었는데, 1964년의 도쿄올림픽과 1970년의 오사카 만국박람회가 그것이다.

한편 1955년 이후 일본의 정계는 보수 우익의 자유민주당이 제1여당을, 진보 사회계열의 일본사회당이 제1야당을 이루는 양대정당구도, 소위 55년 체제가 1960년대 말까지 지속되었다. 이후 반미를 표방하던 일본사회당의 세력이 약화되고 일부가 새로운 정당을 결성하여 분리되면서, 일본의 정계는 제1여당인 자유민주당의 독주체제가 형성되어 복수의 야당이 이를 견제하지 못하는 상황이 지속되었다. 다만 이렇듯 자유민주당의 장기집권이 계속되면서 당내 파벌간의 갈등과 정경유착형 비리, 거품경제의 붕괴 등 각종 요인에 의해 국민의 불신을 얻게 되어, 1990년대 초반부터는 독자적인 제1여당을 형성하는데 실패하게 된다.

제5장 일본의 의식주

1. 일본의 의생활
2. 일본의 식생활
3. 음주문화와 식사예절
4. 일본의 가옥

1. 일본의 의생활

(1) 일본 전통 의상

일상생활에서 일본인들이 전통의상인 기모노를 입는 경우는 특별한 예식이나 행사가 있을 때이다. 일본어로 「기모노着物」는 원래 의복을 가리키는 말로 오늘날에는 와후쿠和服라는 말과 더불어 일본의 전통의상으로 통용된다. 기모노는 혼자서 입기 어렵기 때문에 다른 사람이 입혀 주는 경우가 대부분이다. 기모노를 바르고 맵시있게 입는 방법을 기쓰케着付라고 하는데 이를 익히기 위해 학원에 다니기도 한다. 기모노에는 후리소데振袖, 하오리羽織, 하카마袴, 유카타浴衣 등 다양한 종류가 있다. 후리소데는 주로 성인식이나 지인의 결혼식과 같은 경사스러운 날에 젊은 미혼 여성들이 입는 소매가 긴 옷이다. 하오리는 상의에 걸쳐 입는 기장이 짧은 의복으로 정장용은 검정색이 일반적이다. 원래 추운 계절에 기모노 위에 겹쳐 입는

후리소데

하오리와 하카마

옷이었으나, 격식을 차리는 자리에서 입는 경우도 있다. 등과 양쪽 소매에는 3~5개 정도 집안을 상징하는 가문家紋이 새겨져 있다. 남자가 입는 하카마는 바지형태이며 기모노 위에 입는다. 예전에는 무사가 공무를 볼 때 반드시 입었던 것이었으나, 지금은 전통 결혼식이나 제례 등과 같이 특별한 행사시에 입는다. 졸업식이나 성인식에서 젊은 여성들이 보라색이나 감청색의 하카마를 입기도 한다. 유카타는 옛 사원의 한증식 목욕탕에서 입던 복장에서 유래하였으나 오늘날에는 목욕을 끝내고 저녁 바람을 쐴 때라든지, 여름 축제 때에 여성들이 입고 나가는 경우가 많다. 유카타는 주로 면 소재의 천을 사용하며, 기모노와는 달리 값이 저렴하다. 일본의 상복喪服은 옛날에는 흰색이었으나, 오늘날은 검은색 기모노를 많이 입는다. 장례식 때는 반드시 검은색의 상복을 입어야 하지만, 밤샘을 하거나 제사 때에는 반상복半喪服이라 하여, 무늬 없는 수수한 기모노를 입기도 한다.

유카타

오비

다비

기모노 위에는 오비帯라고 불리는 폭이 넓은 허리띠를 맨다. 허리부터 가슴아래까지 오비를 두름으로써 하반신을 길게 보이게 하는 역할도 한다. 현대의 양말에 해당하는 것이 다비足袋이다. 다비는 엄지발가락과 검지발가락이 나뉜

버선으로 남성은 보통 수수한 검정이나 곤색 다비를 신으며, 여성은 격식을 차린 옷에는 흰색, 평상시에는 색깔이 있는 다비를 신는다. 그리고 게타下駄나 조리草履와 같은 신을 신는데, 조리는 주로 기모노와 함께 신으며, 게타는 유카타와 같은 평상복에 맨발로 신는 것이 일반적이다.

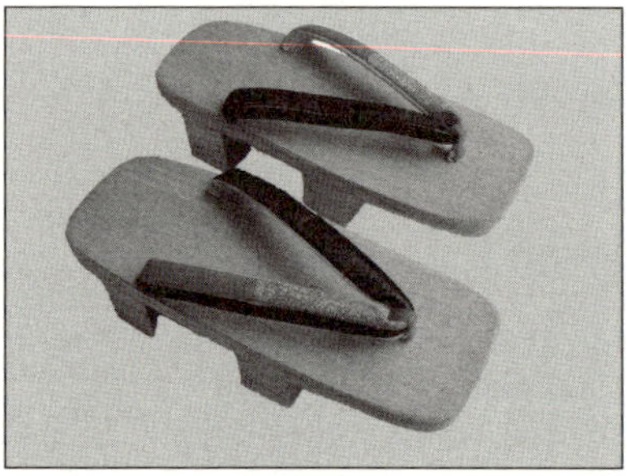
게타

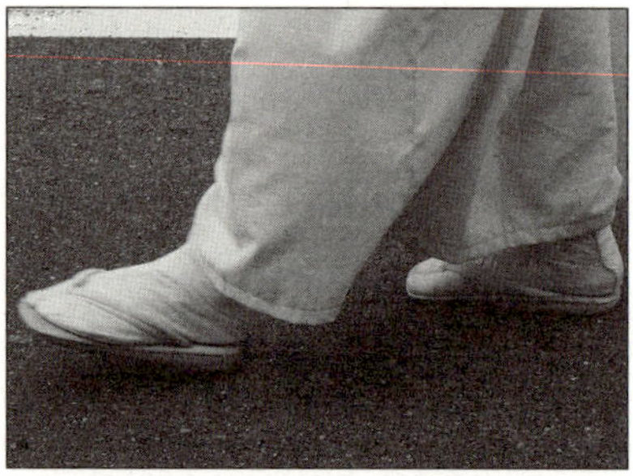
조리

(2) 현대의상

일본인들이 서양식 옷을 입게 된 것은 서구 문물을 받아들인 메이지 유신(1868년) 이후부터이다. 일본에 서양식 미용실이 처음 등장한 것은 1920년대이고, 여성들의 양장이 보편화된 것은 1930년대 이후이다. 남자들의 양복도 대개 이 무렵부터 실용화되기 시작했다.

일본인들은 중간색의 복장을 즐겨 입지만 도쿄의 시부야와 같은 첨단의 유행을 볼 수 있는 도심지에서는 화려한 모양과 원색이 주를 이룬다. 초등학교, 중고등학교 학생들의 교복이나 회사원의 제복 차림은 획일적이라는 느낌을 준다. 짧은 스커트와 함께 느슨하게 신는 하얀 양말인 루즈삭스는 1990년대 중반에 중고등학교 여학생들 사이에서 유행하여 인기를 누리기도 했다. 대학 캠퍼스에서는 신학기부터 취업 활동을 위해 리쿠르트슈트라고 하는 획일화된 정장 차림으로 다니는 4학년 학생들을 볼 수 있다. 회사원들은 대부분 감청색 양복을 주로 입으며, 여성들은 회색이나 베이지 계통의 옷을 많이 입는다. 최근에는 환경대책을 목적으로 한, 쿨 · 비즈(COOL BIZ)와 웜 · 비즈(WARM BIZ)[4]라는 캠페인으로 인해 회사원들의 옷차림에 조금씩 변화가 보이기도 한다.

4) 쿨 · 비즈(COOL BIZ): 일본에서 여름철에 환경성環境省이 중심이 되어 행해지는 환경대책 등을 목적으로 한 의복 경장화 캠페인을 말한다. 2005년부터 시작하였으며 기간은 6월 1일부터 9월 30일까지이다.
웜 · 비즈(WARM BIZ): 쿨 · 비즈(COOL BIZ)의 추동판으로, 사무실 실온을 20도로 유지하며 「난방에 의존하지 않고 일하기 편하고 따뜻하고 멋있는 비즈니스 스타일」을 제창하는 캠페인이다. 2005년부터 실시한 것으로 기간은 11월부터 3월까지이다.

2. 일본의 식생활

(1) 일본의 일상 음식

일본은 한국과 마찬가지로 쌀밥을 주식으로 하며, 국과 반찬이 식사의 기본이다. 조미료는 미소味噌(일본 된장), 간장, 소금, 설탕, 식초가 주를 이루며, 청주, 미린 등이 첨가되는 경우도 많다. 국물 맛을 내는 데에는 다시마나 가쓰오부시鰹節를 주로 사용한다.

일본인은 담백하고 깔끔한 맛을 선호하며 사시미刺身와 스시寿司와 같이 식재료의 맛을 그대로 살린 음식이 많다. 재료의 맛을 살린 야채 절임으로는 배추나 오이를 소금과 식초로 간한 오싱코お新香가 있다.

일본 음식은 시각적인 효과를 중요시하는데 식기는 음식을 담는 모양뿐만 아니라 음식에 계절감을 나타내는 데에도 중요한 역할을 한다. 시각을 중요시 하는 것은 도시락에도 나타나며 색, 모양 등의 미적 조화가 우선시 된다.

음식을 먹을 때는 기본적으로 젓가락만 사용하기 때문에, 국을 먹을 때도 건더기는 젓가락으로 먹고 국물은 그릇을 손에 들고 마신다.

가정요리에는 밥과 미소시루(된장국), 냄비요리, 생선 구이, 자완무시茶碗蒸し와 같은 찜요리, 소고기나 돼지고기를 감자와 함께 조린 니쿠자가肉じゃが와 같은 조림류 등이 있다. 덴뿌라와 가라아게唐揚げ와 같은 튀김, 소량의 고기와 다량의 야채를 기름에 볶은 음식, 야채 무침, 단무지나 나라즈케奈良漬와 같은 야채 절임, 생선을 으깨어 만든 요세모노寄

せ物와 어패류를 이기거나 개어서 만든 네리모노練り物가 있다. 일본인은 예로부터 불교의 영향으로 고기 음식을 피해 왔으나, 메이지 시대에 서양 음식이 들어와 고기를 먹으면서 스키야키すき焼き가 유행하였다.

일본은 바다로 둘러싸인 섬나라인 만큼 생선의 소비량도 높다. 생선을 사용하는 요리로 사시미가 대표적이며, 다진 생강과 와사비를 곁들인 간장에 찍어 먹는다. 삼복더위에 먹는 장어구이는 일본인의 여름철 보양식이다. 그 밖의 먹거리로 다코야키たこ焼き, 야키소바焼きそば, 오코노미야키お好み焼き 등이 있다.

아침식사는 쌀밥과 미소시루에 낫토納豆, 우메보시梅干し, 계란요리, 소세지 등으로 간소하게 먹는다. 밥 위에 생선가루나 김, 깨, 새우 등을 섞어 만든 후리카케ふりかけ를 뿌려 먹기도 한다. 최근에는 빵이나 토스트를 선호하는 사람이 늘고 있다.

점식식사로는 소바(메밀국수)나 우동, 라면과 같은 면류를 즐기기도 하고, 규동牛丼(쇠고기 덮밥), 덴동天丼(튀김 덮밥)과 같은 덮밥류나 카레라이스, 스시 등을 먹기도 한다. 또한 오니기리おにぎり(주먹

니쿠자가

가라아게

나라즈케

야키소바

오코노미야키

규동

덴동

밥)로 간단하게 식사를 하기도 한다. 그 밖의 점심으로 편의점이나 도시락 가게에서 판매하는 도시락을 먹기도 한다. 도시락은 여행할 때에도 빼 놓을 수 없는 음식이다. 전국의 역에서는 그 지방의 특산품으로 만든 도시락인 에키벤駅弁을 팔며, 그 종류는 약 4400종에 달한다고 한다.[5)]

저녁식사는 쌀밥과 미소시루에 냄비요리나 튀김, 조림 등의 기름진 음식을 더하여 아침보다 더 많은 반찬을 곁들여 먹는다. 또한 일품요리로 사시미나 스시를 주문하거나 슈퍼에서 사다가 먹기도 한다. 저녁식사에는 맥주나 니혼슈日本酒를 곁들여 마시기도 하며 식사 후에는 녹차를 마시는 것이 일반적이다. 녹차 이외에도 우롱차, 홍차, 허브차 등 여러 가지 차를 즐기기도 한다.

(2) 일본의 전통음식

일본의 전통음식으로는 혼젠本膳요리, 자가이세키茶懐石요리, 가이세키会席요리, 쇼진精進요리가 있다.[6)] 가이세키요리의 경우는 전채요리, 사시미, 맑은 국, 생선구이나 찜, 조림 등이 먼저

혼젠요리

5) 에키벤 자료관 참조. http://kfm.sakura.ne.jp/ekiben/
6) 혼젠本膳요리: 연회에서 한 사람 앞에 하나씩 조그만 상에 차려 나온다.
자가이세키茶懐石요리: 차를 마시기 전에 간단하게 내놓은 요리이다.
가이세키会席요리: 일본의 정식 코스 요리이다.
쇼진精進요리: 생선이나 육류를 쓰지 않고 야채로만 음식을 만들어 먹는다.

가이세키요리

나오고 그 다음에 미소시루와 야채절임과 밥이 나오며 후식으로 과일 등이 나온 후에 차를 마시며 끝난다.

관혼상제와 연중행사에 먹는 음식은 여러 가지 상징하는 의미가 있다. 예를 들면, 도미에 해당하는 「타이たい」는[7] 설날이나 결혼식 같이 경사스러운 행사에 많이 사용된다. 또한 세키한赤飯(일본 찰밥)의 빨간 색은 나쁜 기운을 몰아낸다는 의미로 여겨져 축하 음식에 사용된다.

오세치요리

가가미모치

연중행사 때 먹는 음식을 살펴보면, 정월(1월 1일)에 먹는 오세치お節요리에 들어 있는 콩은 부지런함, 곤부마키昆布巻き는 기쁜 일이 생김, 새우는 장수, 연근은 지혜의 눈을 나타낸다. 1월 7일 나나쿠사七草때는 일곱 가지 야채를 넣어 만든 죽을 먹으며 병에 걸리지 않기를 기원한다. 1월 11일에는 정월에 신에게 바치는 떡인 가가미모치鏡餅로 오조니お雑煮와 시루코汁粉를 만들어 먹는다. 2월 3일 세쓰분에는 나쁜 기운을 쫓는 힘이 있다는 대두를 복콩이라고 하여 나이 수대로 먹으며, 저녁에는 에호마키恵方巻き라는 김밥을 운이 좋은 방향(恵方)을 향하여 먹기도 한다. 행복이 도망가지 않도록 에호마키를 전부 먹을 때까지 말을 해서는 안 된다. 3월 3일 여

7) 「축하한다」는 의미의 메데타이めでたい는 도미의 「타이」와 발음이 같다.

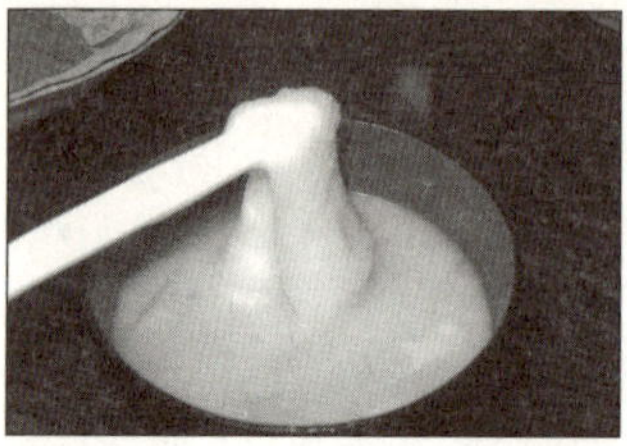

오조니

시루코

가시와모치

자 어린이 명절일 히나마쓰리 때는 나쁜 기운을 쫓아내고 여자아이의 행복을 비는 의미로 지라시즈시ちらし寿司, 하마구리(대합)국, 히시모치菱餅, 히나아라레 등을 먹는다. 5월 5일 남자아이 명절인 단오절에는 띠나 대나무 잎으로 말아서 찐 지마키와 가시와모치柏餅를 먹는다. 가시와모치는 가시와(떡갈) 나무의 나뭇잎이 가지에서 잘 떨어지지 않는다 하여 대가 끊어지지 않기를 원하는 마음이 담겨 있다. 11월 15일 시치고산 때에 먹는 지토세아메千歳飴의 가늘고 긴 엿은 장수를 원하는 마음이 담겨 있다. 12월 22일 동지 때는 병에 걸리지 않고 건강하게 지낼 수 있다고 하여 팥죽과 호박을 먹는다. 또한 운運을 부른다는 의미로 이름에 히라가나 「운ん」이 붙는 음식[8]을 먹기도 한다. 12월 31일에는 건강과 장수를 빌기 위해 도시코시年越し소바 또는 우동을 먹는다.

(3) 일본화된 외래음식

일본에는 일본화된 외래음식이 많다. 먼저 일본인들이 즐기는 튀김요리인 덴뿌라는 에도시대에 포르투갈에서 전래되었다. 돈가스는 1929년에 도쿄에 처음으로 점포를 열면서 보급되기 시작했다. 라면은

8) 연근(れんこん), 인삼(にんじん), 밀감(みかん), 우동(うどん), 다시마(こんぶ), 단호박(なんきん) 등이 있다.

중국의 면 요리에서 왔으며 중화소바라고도 한다. 일본은 1958년에 인스턴트 라면을 개발하였으나, 많은 일본 사람들은 인스턴트 라면이 아닌 라면집에서 파는 이른바 생라면을 즐긴다. 대표적인 라면은 간장 맛의 쇼유醬油라면, 된장 맛의 미소라면, 소금 맛의 시오塩라면 등이 있다. 일본은 1971년에 세계 최초로 컵라면을 개발했다. 카레는 1876년에 서양요리를 소개하는 책에 처음으로 등장한 후, 서민적인 음식으로 자리잡았다.

햄버거나 프라이드치킨과 같은 패스트푸드가 널리 보급된 것은 1970년대부터이다. 스파게티와 샌드위치, 스테이크 등을 판매하는 패밀리레스토랑도 주말에 많은 가족들이 찾는 곳이다. 일본에는 중국요리, 프랑스요리, 이탈리아요리 등 세계 여러 지역의 갖가지 요리 전문점이 있다. 최근 일본에서 한국 요리가 각광을 받고 있으며, 김치는 일본인의 식탁에서도 흔히 볼 수 있다. 일본은 덜 맵고 젓갈을 넣지 않아 빨리 익지 않는 일본식 「기무치」를 개발해 수출까지 하고 있다. 야키니쿠焼き肉는 김치와 더불어 대표적인 한국 음식이며, 일본인들은 고기를 구워먹을 때에 쌈을 싸서 먹지 않고 간장 소스 등에 찍어 먹는다.

3. 음주문화와 식사예절

이자카야

일본의 대중들이 주로 이용하는 술집인 이자카야居酒屋는 맥주, 청주, 소주, 와인과 같은 다양한 술과 함께 야키토리, 생선구이, 오뎅, 냄비요리, 사시미, 두부요리, 오코노미야키 등 다양한 음식을 갖추고 있다.

맥주는 아사히, 삿포로, 기린 등의 브랜드가 있으며 각 지방에서 만든 지비루地ビール라고 불리는 지방산 맥주도 있다. 생맥주도 캔으로 판매되며 저렴한 가격으로 먹을 수 있는 핫포슈発泡酒가 있다.

청주는 각지에서 생산되며 지역과 양조장에 따라 3000여 종류가 있다. 청주는 차게 하거나 따뜻하게 해서 마신다. 청주의 맛은 크게 아마구치甘口(약한 맛)와 가라구치辛口(강한 맛)로 나눠진다. 일본에도 한국의 막걸리와 비슷한 니고리자케濁り酒[9]가 있으나 일본은 청주를 중심으로 술이 발달하면서 니고리자케는 그다지 마시지 않게 되었다고 한다.

---

9) 탁주의 일종으로 도부로쿠濁酒라고도 함. 물로 희석하지 않고 여과과정이 없는 것이 막걸리와 다르다.

그러나 한국의 식혜와 비슷한 아마자케甘酒는 영양제와 같은 역할을 하는 술로 여겨져 여름과 겨울에 음료수 개념으로 음용되고 있다.

소주는 한국처럼 그냥 마시는 경우보다 미즈와리水割り라고 해서 물과 얼음을 넣어 마신다. 여성들은 소주에 탄산음료를 섞은 「사와」를 즐겨 마시며 레몬맛과 메실맛 사와는 특히 인기가 있다.

일본인들은 식사 전에 술을 주로 마시며 술을 주문하면 오토시お通し라는 간단한 안주가 나온다. 이자카야에서는 오토시 요금으로 500엔을 받는데 이것은 자릿세와 같다. 한국의 마른 안주처럼 술을 마실 때 간단하게 먹을 수 있는 것은 콩을 껍질 채로 삶은 에다마메枝豆이다.

에다마메

술은 상대방이 술잔을 비우기 전에 술을 채워주는 것이 일반적이다. 술은 한손으로 따르며, 잔을 돌려 마시지 않고 손윗사람과 마셔도 고개를 돌리지 않는다. 술이 조금밖에 남아 있지 않았는데 첨잔을 하지 않으면 술자리를 끝내자는 의사표시로 보면 된다.

일본의 식사예절은 위생을 매우 중요시하여 한국처럼 찌개를 여러 사람이 같이 먹는 일이 드물다. 반찬도 개인접시에 옮기어 먹는다. 한국은 그릇을 들고 먹으면 안 되지만, 일본은 식사 중에 그릇을 들고 먹는 것이 일반적이다. 오히려 얼굴을 그릇에 가깝게 대고 먹으면 이누구이犬食い(개밥 먹듯이)라고 하여 예절에 어긋난다. 또 식사할 때 팔꿈치를 테이블에 대고 먹으면 안 된다.

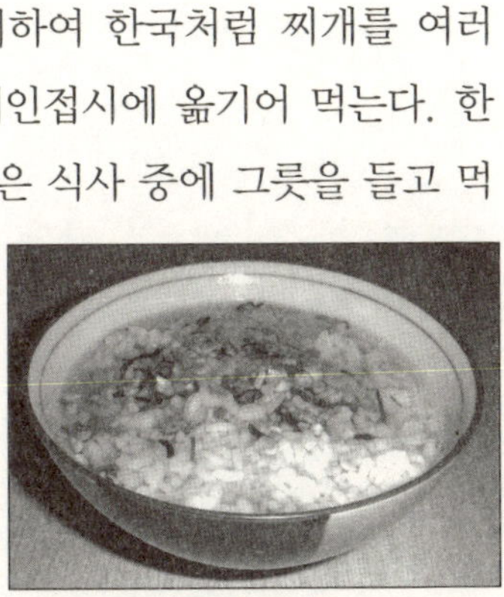
오차즈케

미소시루와 같은 국 종류에 밥을 말

우메보시

아 먹는 것은 네코맘마猫マンマ(고양이 밥)라고 해서 금지한다. 단, 오차즈케お茶漬け라고 해서 녹차에 밥을 말아 우메보시梅干し(메실장아찌), 사케(연어) 등을 얹어 먹는 음식이 따로 있다.

지방에 따라 다르기는 하지만 면류는 소리를 내어 먹어도 된다.[10] 또한 면류를 가위 등으로 잘라 먹지 않는다. 긴 면발은 장수를 의미하기 때문이다. 부엌에서 쓰는 가위는 포장을 자르거나 하는 경우에 쓰이며 한국처럼 음식을 자르는 데는 사용하지 않는다.

일본식사 예절은 젓가락에서 시작해서 젓가락으로 끝난다고 할 정도로 그 사용 방법이 중요하다. 젓가락은 밥과 국의 앞쪽으로 하시오키はし置き(젓가락 받침) 위에 가로로 놓는다. 젓가락으로 음식을 꽂거나 섞는 것, 그릇 위에 젓가락을 놓거나 끌어당기는 행위는 식사예절에 어긋난다. 특히 젓가락에서 젓가락으로 음식을 주고받는 행위는 화장한 뼈를 옮기는 것을 연상시키기 때문에 금기시한다.

---

10) 소바를 먹을 때에 관동지방에서는 일부러 후루룩 소리를 내어 먹는 반면 관서지방에서는 소리를 내지 않고 먹는다.

4. 일본의 가옥

(1) 일본 전통가옥의 특징

후스마

일본의 전통가옥은 지역마다 차이가 있으나 기본적으로는 다습한 기후 때문에 겨울의 난방보다는 여름의 통풍에 중점을 두는 것이 특징이다. 겨울에는 난방기구를 사용하거나 옷을 두껍게 입어 조절할 수 있으나, 여름 무더위는 어떻게 할 수가 없다는 발상이다. 그래서 히사시庇(처마에 댄 차양)가 길고, 방주위에는 엔가와縁側라고 하는 마루가 있어 여름에는 직사광선이 방에 들어오지 않게 만들어져 있다. 또한 방과 방 사이는 맹장지로 만든 후스마襖라는 미닫이문으로 칸막이가 되어 있어 그 후스마를 다 열면 방이 연결되어 통풍에 좋다. 한편 방안이 일년 내내 약간 어두우며, 겨울에는 춥다는 단점이 있다.

주택 구조는 지역에 따라 다양한 형태를 나타낸다. 눈이 많이 내리는 추운 지방의 주거 형태와 고온다습한 아열대성 기후를 갖는 지역의 주거 형태는 뚜렷한 차이를 보인다. 예를 들어 눈이 많이 내리는 지역에서는 현관 입구에 눈을 털어내기 위한 공간을 마련한다든지, 실내의 온기가 빠져나가지 않도록 하기 위해 이중 출입문을 설치한다든지 하는 특징이 있으며, 지붕의 경사도를 급하게 만들어 눈이 쌓이지 않도록 하고 있다. 눈이 많은 산간지대에서 볼 수 있는 갓쇼合掌(합장)가옥[11]은 뾰족한 지붕이 두 손을 합장한 모양과 비슷하다. 또한 비바람을 막기 위한 이중창인 아마도雨戸를 만들지 않는다. 결빙에 의해 아마도가 열리지 않기 때문이다. 이에 비해 고온다습한 남부 지방에서는 태풍에 의한 비 피해를 최소화하기 위해 아마도를 만드는 것이 일반화 되어있으며, 온난한 기후를 고려해 창을 크게 만들고, 전체적으로 볼 때 주택 규모가 작다는 특징이 있다.

(2) 주거의 구성

① **도마**土間: 한국의 봉당에 해당한다. 집의 안도 밖도 아닌 애매한 위치에 있는 도마는 옛날에 이웃과의 교재의 장소였다.

도마

② **엔가와**縁側: 한국 전통 가옥의 툇마루에 해당하는 부분으로, 집 건물의 가장자리에 나오도록 설치된 마루 모양의 통로이다. 외부에서 직접 실내로 들어가는 용도도 있다.

엔가와

11) 경사가 급한 지붕은 겨울철의 폭설에 견딜 수 있고, 1층의 출입문이 눈 때문에 막히면 사다리를 놓고 2층으로 출입한다. 못은 전혀 사용하지 않으며, 갓쇼 가옥의 지붕은 나무와 갈대를 이용하여 새끼줄로 엮어 기둥과 보를 고정시킨다. 이는 지진이나 강한 바람, 겨울철의 폭설에 건물 구조가 틀어지거나 무너지지 않게 하기 위함이다.

③ **다타미**畳: 다타미는 나무로 된 바닥에 접을 수 있는 깔개를 깔았던 것에서 유래하며 보온과 방습의 효과가 있다. 다타미 한 장의 크기는 지역에 따라 차이가 있으나 일반적으로 90cm×180cm이며, 2장이 1평 정도의 넓이이다. 일본에서는 방의 넓이를 잴 때 이 다타미를 단위로 하여 몇 장짜리냐에 따라 방의 크기를 가늠한다. 여름에는 통풍이 잘되고 시원하며 겨울에는 차갑지 않아 보온과 방습의 효과를 노려 주로 이 위에서 생활하지만 청소하기가 까다로운 단점이 있다.

다타미

오시이레

④ **오시이레**押し入れ: 일본의 주택이나 전통방에서 침구나 의류 또는 도구 등을 수납하기 위한 공간이다. 대개 사방 중 삼면이 벽이고 한면을 후스마襖로 칸막이 되어 있다.

쇼지

⑤ **쇼지**障子**문**: 일본식 미닫이문을 말하며 방과 방을 구분하는 쇼지문은 후스마라고 하여 격자창살의 쇼지와 구별되기도 한다. 이때 쇼지문의 문턱은 낮게 설치하는 게 일반적이다.

도코노마

아마도

⑥ **도코노마**床の間: 서화를 걸거나 화병 등을 놓기 위해 바닥을 한 단 높여 만든 건축 양식이다. 기원을 살펴보면 무로마치시대 일본의 전통 예술인 다도, 꽃꽂이, 노 등의 양식이 확립되던 시기로 거슬러 올라간다.

⑦ **아마도**雨戸: 바람이나 도난을 막고, 실내보온을 위해 설치하는 덧문을 말한다.

이로리

⑧ **이로리**いろり: 일본 민가의 큰 특징으로 빼놓을 수 없는 것이 실내 마루방 입구에 놓인 이로리(화덕-방바닥 또는 마루바닥을 네모나게 파서 그 가운데 난방 겸 취사를 위한 화로를 놓은 것)이다. 일본인들의 일상적 식사는 이로리 주변에 둘러 앉아 하는데 가족 간의 서열에 따라 자리가 정해져 있다.

고타쓰

⑨ **고타쓰**こたつ: 상 밑에 방열기구를 넣고 그 위에 이불을 덮은 형태의 겨울철 난방기구로 고타쓰 밑에 발을 넣고, 정담을 나누거나 독서 등을 한다. 이불 위에 네모난 판자를 놓아 식사할 때는 식탁으로, 보통 때는 다용도 책상으로 사용한다.

⑩ **부쓰단**仏壇**과 가미다나**神棚: 부쓰단은 일반가정에서 불상이나 조상의 위패를 모시는 불단을 말한다. 조상숭배 사상과 더불어 보편화되어져 왔으나 오늘날에는 감소추세에 있다. 가미다나는 집이나 사무실 등에서 신을 모시기 위해 만든 모형신사이다. 가미다나와 불단이 한 방에 설치된 경우도 많다.

부쓰단

가미다나

(3) 현대 일본주택

일본의 주택은 최근까지 목조주택이 주를 이루었으나 제2차 세계대전 후, 특히 고도성장기 이후에는 생활스타일과 공법의 변화에 따라

주택양식도 크게 변모하고 있다. 일본식 전통 주택을 짓지 않는 경우도 많고 고층 또는 초고층의 집합주택에서는 철근콘크리트 또는 철골조의 공법을 사용하고, 저층의 단독 주택에서도 철근콘크리트 및 조립식 공법을 많이 사용하고 있다. 주택수요의 증가와 목재자원의 감소도 주택양식의 변화의 원인이라 할 수 있다.

잇코다테

아파트

맨숀

주거의 형태는 단독주택과 집합주택의 두 종류로 나눌 수 있는데 단독주택으로는 잇코다테一戸建て를 들 수 있다. 하나의 부지에 한 세대가 거주하는 의미로 개인주택이라고도 한다. 복수세대가 거주하는 집합주택과 구별된다. 또한 집합주택의 종류로는 아파트와 맨션을 들 수 있다. 1950년대 중반부터 부족한 주택난을 해소하기 위하여 일본주택공단은 2, 3층의 목조나 경량철골의 건물을 대규모로 건설하였다. 이것이 일본의 전형적인 아파트이다. 이후 1960년대에는 우리나라의 아파트에 해당하는 맨션이 들어서는데 구조로서는 철근콘크리트를 취하고 있고 높이도 중고층 또는 초고층이 대부분이다.

일본의 주택구조는 흔히 2LDK, 3DK 등의 용어로 표기되는데 여기서 「L」은 Living room, 「D」는 Dining room, 「K」는 Kitchen을 뜻한

다. 그리고 맨 앞의 숫자는 방의 수이다. 즉, 2LDK는 방이 2개, 그리고 거실, 식당, 주방이 있다는 것을 나타낸다. 일본 가정의 목욕탕은 보통 욕실과 화장실이 분리되어 있고, 욕실 또한 욕탕과 세면대가 분리되어 있다. 다타미가 깔려있는 방은 와시쓰和室라 하며, 깔려있지 않는 방은 요시쓰洋室라 하는데 이를 절충한 맨션도 많다.

한편 일본주택의 임차방식은 우리나라와 같은 전세가 없고 월세가 기본적인 형태이다. 입주하기 전에 집주인에게 보증금과 비슷한 월세의 1개월분에 해당하는 시키킨敷金과 권리금과 비슷한 월세의 1개월분에 해당하는 레이킨礼金, 월세, 부동산 중개수수료를 지급해야 하며 계약기간이 종료되어 이사 갈 때에는 시키킨에서 수리비, 청소비를 공제한 금액을 돌려받는다.

제6장 일본의 종교문화

1. 일본의 신도
2. 마쓰리
3. 불교
4. 기독교와 신흥종교

1. 일본의 신도

(1) 신도의 개요

신도는 일본 고유의 토착신앙으로 자연 숭배를 기초로 하는 정령신앙(애니미즘)과 조상신 숭배를 중심으로 한 민간신앙이 외래종교인 불교, 유교의 영향을 받으며 현재와 같은 형태로 발전한 종교이다.

일본 고유의 신(가미神)의 개념은 크리스트교와 같은 전지전능한 유일신의 개념과는 사뭇 다르다. 고대에는 산, 바위, 숲, 거목, 폭포 등의 자연물들을 경외하여, 그와 같은 삼라만상 안에 가미神가 깃들어 있다고 생각하였다. 또한 인간도 죽어서 가미가 되고, 가미는 저승(숲을 저승으로 생각하였다)에 일시적으로 머물다 다시 인간으로 환생한다고 하는, 선조신 신앙도 동시에 존재하였다. 고대 일본의 씨족사회에서는 이와 같이 우지가미氏神라고 불리는 각 씨족의 선조신이 각 족장을 제사장으로 하여 숭배되고 있었다. 그러나 7세기말 야마토 정권에 의한 통일국가의 형성과 함께, 일본 고유의 신앙도 정치제도의 영향을 받아 변화를 맞게 된다. 즉 종래에 일본 각지에 수평적으로 존재하던 우지가미들이 『고지키』, 『니혼쇼키』 등 역사서 편찬의 영향으로, 천황가의 우지가미氏神인 아마테라스오미카미天照大御神를 정점으로 하는 수직적인 위계서열 안으로 편입되기 시작한다.

신도가 본래의 원시종교에서 현재와 같은 형식체계를 갖추게 된 것은 불교의 영향이 크다. 원래 신도는 특별한 종교적 시설이 없이, 바위

나 거목과 같이 신성시 되던 자연물에 시메나와しめ縄라고 하는 신성한 영역에 대한 표식을 해 두는 정도에 머물고 있었다. 6세기에 불교의 유입에 따라 각지에 사찰이 건립되면서, 신도도 그 영향을 받아 건물

시메나와

형태의 신사가 성립되기 시작하였다. 불교의 유입 초기에는 부처를 일본 고유의 가미와 비슷한 개념으로 이해하고 있었으나, 불교사상의 이해가 깊어짐에 따라 점차 가미를 부처의 화신(보살権現)으로 자리매김하기에 이른다. 일례로 아마테라스오미카미의 경우, 불교의 십일면관음十一面観音 혹은 대일여래大日如来의 화신으로 위치시키기도 하였다. 이렇게 일본 고유의 가미신앙이 불교의 유입에 의해 초래된 사상, 의례, 습속 면에서의 융합을 신불습합神仏習合이라고 한다. 불교의 유입 이래 신도와 불교는 대립되는 개념이 아닌, 서로가 보완하는 종교로서 양립되어 왔으나, 대체로 불교 우위의 경향이 현저하였다. 신도가 불교의 우위에 선 것은 메이지유신 이후부터 패전까지 약 80년의 기간으로, 천황숭배를 목적으로 신도는 급격한 국가신도화의 길을 걷게 되었다. 이 시기는 자연발생적 종교였던 신도가 군국주의라는 정치적인 의도에 의해 기형적으로 변질된 시기이기도 하였다.

국가신도란 메이지유신 이후의 신도국유화 정책에 의해, 기존의 신사를 이세신궁伊勢神宮을 중심으로 하는 황실신도 산하로 재편성한 국가 주도의 신도를 말한다. 메이지 정부는 현인신現人神인 만세일계의 천황이 일본을 통치하고, 국가의 중심에 있는 천황과 국민들과의 사이에는 전통적으로 강한 유대가 존재한다는 전제하에, 전국의 신사를 조직

이세신궁

화하고 제도를 정비하였다. 일본제국헌법에는 신앙의 자유가 명기되어 있었으나, 신도는 종교가 아니라고 하는 공권법해석에 입각하여, 신도를 기타 종교의 우위에 두게 하였다. 특히 1890년 발포된 교육칙어教育勅語에 의해 황국신민으로서의 국민도덕이 제시되었고, 국가신도는 종교, 정치, 교육을 일체화한 초월적인 제도로서 기능하게 되었다.

야스쿠니신사

패전 후 GHQ에 의한「신도지령神道指令」으로 국가신도는 해체의 길을 걷게 되었으나, 야스쿠니신사를 비롯한 전국의 호국신사는 그 기원상 국가신도의 성격이 남아있다. 야스쿠니신사는 원래 전사자에 대한 진혼鎭魂을 목적으로 설립이 되었으나, 점차 전사자의 위령慰霊과 현창顕彰(공적을 널리 알려 표창하는 것)을 행하는 곳으로 발전하게 된다. 즉 전사자의 영혼을 달래는 의미를 넘어, 적극적으로 그들을 영웅화하는 곳으로 변질된 것이다. 구 일본제국에 있어서 야스쿠니신사는 국민통합의 정신적인 중핵에 위치하고 있었으며 현재에도 전사자를 영령英霊으로 모시고 있다.

(2) 신사의 종류

도리이

일본에는 전국적으로 10만 개가 넘는 신사가 존재한다.[12] 각 신사에서 모셔지는 신 또한 야오요로즈노카미八百万の神라는 표현대로 헤아릴 수 없을 만큼 다양한 종류의 신이 존재한다. 대부분의 신은 고대 씨족사회의 선조신(우지가미)에서 비롯되나, 오랜 시간 동안 각각의 선조신에게 상업의 신, 농업의 신, 어업의 신, 학문의 신 등의 의미가 부여되면서, 각 시대에 중시되었던 덕목에 따라 유행하는 신의 종류도 변천하는 과정을 겪게 되었다. 신사의 이름은 기본적으로 그 신사가 위치하는 지명과 모시는 신의 이름 순서로 지어지며, 총본산総本山의 신사에는 신사라는 명칭 대신 신궁神宮이라는 명칭이 사용된다.

일본의 대표적인 신사의 종류는 다음과 같다.

① 이나리稲荷신사: 약 19,800社

교토지방의 수호신인 곡물의 신(이나리稲荷의 이나稲란 벼의 의미)에서 유래한다. 에도시대에 쌀 거래를 중심으로 경제가 발달하면서, 이나리신도 본래의 농경신에서 상업번성의 신으로써의 성격을 갖게 되면서 전국으로 확대되었다. 이나리신사를 상징하는 동물인 여우는 일본의 고유한 민간신앙과 불교와의 신불습합의 영향(불교의 여신 다키니텐荼枳尼天이 여우를 타고 나타나는 데에서 유래)으로 이나리신의 사자使者,

12) 다케미쓰 마코토武光誠『알아두고 싶은 일본의 신知っておきたい日本の神様』角川文庫, 2005

후시미 이나리타이샤

혹은 화신으로 여겨지게 되었다. 일본 각지의 상가에 설치된 소규모의 신사에서는 대부분 이나리신을 모시고 있다. 교토시 후시미 이나리타이샤伏見稲荷大社가 총본산이다.

② 하치만八幡신사: 약 14,800社

우사 하치만구

「하치만(훈독으로는 야하타八幡)」이라는 말은 본래 어선에 꼽혀있던 수많은 깃발을 의미하는 말로서, 고대 일본의 해상교통의 중심지였던 규슈 우사宇佐지방을 수호하는 해신海神을 하치만(야하타)이라 부른 것에서 유래한다. 4~5세기 일본의 통일국가 형성 시기에 야마토정권이 우사지방의 씨족세력의 힘을 빌린 것을 계기로 천황가에서도 하치만신을 숭배하게 되었다. 이후 무사세력인 미나모토源씨가 하치만신을 숭배하게 되면서 전국의 무사계급으로 확산되었다. 진호국가鎮護国家(불교의 힘을 빌어 나라를 지킴)나 가운번성을 가져다주는 신으로서 사랑을 받고 있다. 우사 하치만구宇佐八幡宮가 총본산이다.

③ 텐진天神신사: 약 10,300社

헤이안시대의 관료이자 학자인 스가와라노 미치자네菅原道真를 제신으로 모시는 신사이다. 스가와라노 미치자네는 견당사의 폐지 등을 주장한 개혁적인 관료였으나 당시 집권세력이던 후지와라씨의 모략으로 규슈 다자이후太宰府의 지방 관리로 좌천을 당한다. 미치자네가 요절한 이후 각지에서 천둥, 벼락 등의 자연재해가 다발하여, 그의 원령을 달래기 위해 교토에 기타노 덴만구北野天満宮가 세워지게 되었다. 이후 후지와라씨가 기타노 덴만구를 중시하면서 전국적으로 확산되었다. 학문의 신으로 모셔지며 수험을 앞둔 일본인이 즐겨 참배하는 신사이다. 교토의 기타노 덴만구, 후쿠오카현 다자이후 덴만구太宰府天満宮가 총본산이다.

다자이후 덴만구

④ 스와諏訪 신사: 약 5,700社

스와타이샤

나가노현 스와諏訪호 주변에서 숭배되던 수렵의 신에서 유래한다. 가마쿠라 시대에 활을 주 무기로 하던 무사계급에 의해 숭배되면서 전국으로 확대되었다. 이후 농민들도 천재지변을 물리쳐 주는 강력한 신으로 모시게 되었다. 나가노현(1000여개)과 니가타현(1500여개)에 집중적으로 분포되어 있는 신사이다. 나가노현의 스와타이샤諏訪大社가 총본산이다.

⑤ 신메이神明신사: 약 5,400社

천황가의 선조신인 아마테라스오미카미를 제신으로 모시는 신사이다. 고대에는 황족 이외의 제사를 엄하게 금지하였으나, 중세 이후 조정의 영향력이 쇠퇴하면서 전국적으로 확산되었다. 이세신궁이 총본산이다.

⑥ 구마노熊野신사: 약 3,300社

구마노나치타이샤

와카야마和歌山현의 산악지역에 소재하는 구마노3산熊野三山에 유래한다. 본래 산악지역의 주민들이 거목에 깃드는 정령을 믿었던 것을 기원으로 하지만, 일본신화의 성립과 함께 스사노오スサノオ[13]와 동일시하게 된다. 이후 구마노3산은 산속에서 수행을 하는 슈겐자修験者들의 성지로 여겨지게 되나, 헤이안 말기에 집권자였던 시라카와白河법황,[14] 도바鳥羽법황 등이 반복적으로 구마노3산 참배를 행하면서 전국적으로 확산되었다. 슈겐자들이 서민들의 질병퇴치를 위해 기도한 것에서 무병장수의 신으로 모셔지게 되었다. 와카야마현 구마노 혼구타이샤熊野本宮大社가 총본산이다.

---

13) 제11장의 일본신화 참조.

14) 후계자에게 천황직을 양위한 천황을 상황上皇이라 하며, 불교에 출가한 상황을 법황法皇이라 일컫는다. 헤이안 말기는 이러한 법황, 상황에 의해 정치가 이루어졌으며 이를 인세이院政라 한다.

⑦ 가스가春日신사: 약 3,100社

가스가타이샤

본래는 아마이와토天岩戸 신화의 제신祭神 아메노고야네天児屋命[15]를 모시는 신사이다. 나라시대의 실권자 후지와라藤原씨가 선조신으로 모신 것을 계기로, 후대에 후지와라씨의 혈통를 잇는 여러 무사계급에서 숭배하면서 전국적으로 확산되었다. 나라시 가스가타이샤春日大社가 총본산이다.

⑧ 호국護国신사: 52社

호국신사는 전몰자의 위령을 모시는 신사로 메이지시대의 국가신도를 대표하던 초혼사招魂社의 후신이며 1부현府県에 1사社를 설치하는 것을 원칙으로 한다. 호국신사의 총본산인 야스쿠니靖国신사는 일반인 전쟁피해자와 함께 A급전범을 합사하면서 국내외로부터 많은 비판을 받고 있다.[16] 또한 반복되는 정부관료의 야스쿠니 참배가 일본국헌법의 정교분리의 원칙에 위배된다는 비판과 함께 현재에도 한국, 중국 등 아시아 여러 나라와의 외교문제를 야기하고 있다.

---

15) 제11장의 일본신화 참조.

16) 야스쿠니신사에 A급전범이 합사된 것은 1978년 10월 17일 부터이며, 이후 천황의 참배는 이루어지지 않고 있다.

2. 마쓰리

마쓰리祭는 본래 「제사」를 의미하는 말로 가미神나 조상에 대한 기원, 감사, 사죄, 복종 등의 의사를 전달하고, 그 의의를 확인하기 위해 행하는 의식을 말한다. 제사라는 본래의 의미대로 일본 전역의 10만개가 넘는 신사에서는 매년 각 시기별로 크고 작은 마쓰리를 개최한다. 이러한 신도 계열의 마쓰리와 더불어 민간신앙이나 불교 계열의 마쓰리를 합하면 셀 수 없이 많은 마쓰리가 존재한다. 근래에는 마쓰리가 가진 종교적인 의미가 퇴색되면서 세속적인 이벤트의 성격이 강해지고 있다. 대규모 마쓰리의 경우 지역 전체가 축제 분위기에 젖기도 한다. 대표적인 마쓰리에는 다음과 같은 것이 있다.

(1) 나라현 와카쿠사 산 태우기(若草山焼き, 1월 15일)

와카쿠사산若草山을 뒤덮고 있는 풀은, 매년 1월 15일 밤, 도다이지東大寺와 고후쿠지興福寺의 승려에 의해 1시간 이내에 전부 태워지는데, 부근의 농가 수확에 해를 입히는 유충을 없애기 위한 행사에서 유래한다. 맑게 갠 밤하늘에 타오르는 불길은 감동스러운 광경을 연출한다.

(2) 아키타현 가마쿠라(かまくら, 2월 15일~16일)

물의 신에 대한 제사와 아이들의 행사가 융합되어 성립된 마쓰리로, 이 지방 아이들은 에스키모의 이글루와 비슷한 눈으로 된 작은 원형의 집을 만들고 그 안에 제단을 설치한다. 이를 가마쿠라라고 부르며, 밤이 되면 가마쿠라에 등불을 켜놓는다. 아이들은 그 안에서 소꿉장난을 하기도 하고, 친구들과 이야기도 나누면서 즐거운 시간을 보낸다.

(3) 나라현의 도다이지 니가쓰도의 물긷기(東大寺二月堂のお水取, 3월 12일)

도다이지 니가쓰도의 물긷기

정식 명칭으로 「슈니에修二会」라고 불리는 이 마쓰리는 심야에 젊은 수행승들이 니가쓰도二月堂라는 불당의 난간에 서서, 거대한 소나무 횃불을 돌리며, 밤의 어둠 속으로 불꽃을 날려 보낸다. 횃불이 전부 타고나면 수행승들이 사원 안에 있는 신성한 샘터로 이동하여 그 해 최초로 정결한 물을 긷는다. 부처에 대한 공양과 자신의 죄에 대한 참회의 의미가 담겨있다.

(4) 기후현 다카야마마쓰리(高山祭, 4월 14일~15일)

기후현 다카야마마쓰리

이 축제의 볼거리는 커다란 바퀴를 단 수레 행렬이다. 수레의 대부분은 형형색색의 아름다운 조각으로 호화롭게 장식되어 있다. 몇 대의 수레에는 꼭두각시 인형 무대가 설치되어 그 위에서 인형의 다채로운 연기를 펼치기도 한다. 밤이 되면 모든 수레에 조명을 밝히고 시내를 천천히 순회한다. 10월에도 동일한 축제가 열린다.

(5) 후쿠오카현 하카타 돈타쿠(博多どんたく, 5월 3일~4일)

「돈타쿠」라는 명칭은 원래 네덜란드어의 「존탁zondag(일요일)」에서 유래하지만, 현재에는 휴일·마쓰리라는 의미로 쓰여지고 있다. 이 마쓰리의 볼거리는 가장행렬이다. 화려한 가장행렬이 후쿠오카시의 중심가를 통과하는 데, 각종 단체의 춤과 연주를 구경할 수 있다.

하카타 돈타쿠

(6) 도쿄 간다마쓰리(神田祭, 5월 14일~15일)

도쿄 아사쿠사신사에서 개최되는 간다마쓰리는 일본의 3대 축제 중 하나이다. 도쿠가와 이에야스의 세키가하라 전투 승리를 기념한 것에서 유래되었다고 하며 에도시대에는 일반인들의 에도성 출입이 가능했던 유일한 마쓰리였다. 매년 5월 14~15일에 열리며 여러 개의 오미코시お神輿(신을 모시는 가마)가 동시에 출발한다.

도쿄 간다마쓰리

(7) 교토 기온마쓰리(祇園祭, 7월 1일~31일)

교토의 야사카八坂신사에서 개최되는 마쓰리로 7월 1일부터 한 달간에 걸쳐 열리는 장기간의 마쓰리이다. 16일에 열리는 「요이야마宵山」와 17일에 열리는 「야마보코 순행山鉾巡行」이 유명하다. 야마보코란 거대한

교토 기온마쓰리

오사카 덴진마쓰리

창을 세워놓은 제단을 지칭하는 말로, 아름답게 장식된 수많은 야마보코가 모여 거리를 행진한다. 기온마쓰리의 상징인 야마보코는 높이가 20m에 이르는 것도 있으며, 그 무게 때문에 수레(だし=山車)에 실어서 행진한다.

(8) 오사카 덴진마쓰리(天神祭, 7월 24일)

덴진마쓰리는 학문의 신 스가와라노 미치자네菅原道真를 모시는 오사카 덴만구天満宮에서 열린다. 7월 24일에 오카와大川에서 열리는 호코나가시鉾流부터 행사가 시작된다. 나무로 만든 가미보코神鉾를 든 신동神童과 참석자 약 300명의 행렬이 덴만구를 출발하여 와카마쓰若松 마을 강가에 있는 구 제사장으로 향한다. 부정을 씻어내는 엄숙한 의식을 치르고 나서, 도지마강堂島川에 가미보코를 떠내려 보낸다.

(9) 아오모리현 네부타마쓰리(ねぶた祭, 8월 2일~7일)

8월 2일부터 7일까지 개최되는 여름 마쓰리로 매년 300만명 이상의 관광객이 방문한다. 사카노우에노 다무라마로坂上田村麻呂에 의한 동북지방 원정 전설에 유래한다고 하나 명확한 근거는 없다. 「네부타」란 내부에 조명을 장치한 거대한 인형을 일컫는 말로, 화려하게 채색된 네부타의 행렬이 거리를 장식한다. 인형의 제재로는 역사적 인물이나 중국고전 삼국지의 인물, 가부키 등장인물 등이 주를 이룬다.

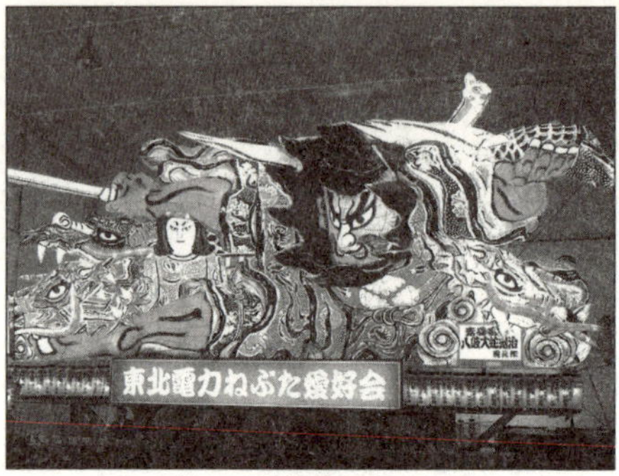

아오모리현 네부타마쓰리

[참고]

일본의 3대 마쓰리: 기온마쓰리, 간다마쓰리, 덴진마쓰리

일본의 3대 여름 마쓰리: 기온마쓰리, 덴진마쓰리, 산노마쓰리(山王祭, 도쿄 히에日枝신사)

3. 불교

일본에 불교가 공인된 것은 6세기 중엽 백제의 성왕이 일본의 긴메이欽明천황에게 불상과 불경을 전하면서부터이다. 당시 불교는 토착신앙인 신도에 비해 외래의 선진문화로서의 성격이 강했고, 주로 권력층에 의한 민심의 통일화 수단으로 이용되었다. 나라시대에 들어와서, 쇼무聖武천황에 의한 강력한 불교정책이 시행되었다. 이 시기에는 자연재해와 역병이 자주 일어났기 때문에, 불교의 주술적인 힘을 빌려 위기를 극복하고자 한 것이다. 쇼무천황은 각 지방에 고쿠분지国分寺와 고쿠분니지国分尼寺를 만들고 총본산격인 나라의 도다이지東大寺에는 높이가 16미터에 이르는 거대한 불상을 안치하였다. 이후 각 지방의 고쿠분지는 그 지방의 호국, 정치, 문화의 중심으로서의 역할을 맡게 된다.

헤이안시대에 이르러 조정은 현실정치에 관여하는 기존의 종파를 견제하기 위해 속세와 격리된 곳에서 수행에만 전념하는 불교를 장려하였다. 그 대표적인 종파가 사이초最澄의 천태종天台宗과 구카이空海의 진언종真言宗으로 두 승려 모두 견당사로서 당에 건너가 당시 유행하던 밀교를 배웠다. 사이초의 천태종은 법화경을 근본경전으로 하는 대승불교로서 모든 사람을 잠재적인 부처로 간주하는 절대 평등의 원칙을 강조하였다. 고보타이시弘法大師로 잘 알려진 구카이는 진언(주문, 만트라)을 통해 현세에서 성불할 수 있다고 하는 즉신성불即身成仏의 개념을 전파하여 많은 귀족들의 지지를 이끌어 내었다. 헤이안 중기부터는 이른바 말법사상末法思想이 유행하였는데, 이는 석가의 사후 천년 단위로 정법正法, 상법像法, 말법末法의 시대로 구분지은 것으로, 말법의 시대에는 석가의 가르침이 행해지지 않고 전쟁, 천재지변 등의 혼란이 계속된다는 사상이다. 이러한 시대적 배경하에 아미타불을 믿고 염불을 외우면 내세에 극락정토極楽浄土에 왕생한다고 가르치는 정토종浄土宗이 유행하였다. 이는 현세주의 불교에서 내세주의 불교로의 전환을 의미하였다.

신란

가마쿠라시대에 들어서 불교는 귀족 중심의 종교에서 벗어나 하급무사와 일반민중들에게도 본격적으로 전파되었다. 이는 어려운 이론과 엄격한 수행을 중시하던 기존의 종파가 쇠퇴하고, 누구나 쉽게 실천할 수 있는 염불을 강조하는 정토사상이 유행한 결과라고 할 수 있다. 특히 정토진종浄土真宗을 창설한 신란親鸞은 아미타불을 외우는 횟수나 형식에 관계없이 단 한번만이라도 진심으로 아미타불을 외우면 극락왕생할 수 있다고 주장하였다. 니치렌日蓮도 천태종과 정토종을 참고하여 니치렌슈日蓮宗를 창설하였다. 그는 「나무묘호렌게쿄南無妙法蓮華経」라고 하는 법화경의 제목만 외우면 극락왕생할 수 있다고 주장하여 많은 신도를 모으게 되었다. 이러한 대중적인 종파가 유행하는 한편, 속세와 단절하여 엄격한 수행을 실천하는 선종禅宗 또한 이 시기에 발전하였다. 선종의 종파에는 공안公案[17]을

17) 일반적으로는 「선문답禅問答」으로 알려진 수행방법으로, 수행자가 깨달음을 얻기 위해 스승으로부터 부여받는 난문難問을 일컫는다. 이 난문을 화두話頭라고 하는데, 주로 불교의 성인들의 언행을 내용으로 하는 난문이 많다.

중시한 에이사이栄西의 임제종臨済宗과 좌선座禅에 역점을 둔 도겐道元의 조동종曹洞宗이 있다.

도겐

무로마치시대에는 아시카가 다카우지가 임제종에 귀의한 것을 계기로 무로마치 막부의 쇼군들은 대대로 임제종에 귀의하게 되었다. 조동종 또한 구마노산熊野山의 밀교와 융합하여 하급무사 및 농민들 사이에서 유행하였다. 이러한 선종의 정신은 이후 건축(예: 쇼인즈쿠리書院造り), 다도, 정원(예: 가레산스이枯山水), 릿카立花, 도예, 무사도 등 일본을 대표하는 각 분야의 문화적 토대가 되었다.

신도의 가미는 원래 특정의 씨족(우지氏)이나 마을村과 밀착된 지극히 폐쇄적인 개념이었다. 그러나 보편적인 종교인 불교의 전래로 인해 이러한 전통적인 가미의 개념도 크게 영향을 받게 된다. 천황의 선조신인 아마테라스를 다른 씨족신들의 정점에 위치시키는 일본신화 역시 불교의 보편적인 부처 개념에 영향을 받은 것이라 할 수 있다. 헤이안시대에는 불교와 신도가 융합된, 이른바 신불습합神仏習合이 이루어진다. 신사 경내에 불교 사찰인 진구지神宮寺가 건립되고, 부처가 중생을 구원하기 위해 일시적으로 가미神의 모습을 빌어 나타난 것이라고 하는 본지수적本地垂迹설이 유행하였다.

「경사慶事에는 신도, 장례弔事에는 불교」라는 말이 있듯이, 불교는 신도와 더불어 일본인의 일상 속에 깊이 스며들어 있는 대표적인 종교이다. 일본 대부분의 가정에는 조상의 위패를 모시는 불단이 마련되어 있으며, 오본과 같은 명절이나 장례식 등에는 승려를 초빙하여 독경을 부탁하는 것이 관례이다. 일본 총무성의 조사에 의하면 일본의 불교신자는 9600만명에 달하는 것으로 나와 있으나, 이들 모두가 독실한 불교신자라기 보다는 일상 속의 불교적 관습을 따르고 있다는 의미에서 막연한 불교신자로 보는 것이 타당할 것이다. 대부분의 불교신자들은 일상적으로 신사참배를 병행하고 있으며, 신사와 절을 제대로 구분하지 못하는 신자도 있다.

4. 기독교와 신흥종교

일본의 기독교는 1549년 가톨릭교파인 예수회의 프란시스 자비에르가 가고시마현에 들어온 것을 계기로 전래되었으며, 초기에는 서양문물에 대한 관심으로 포교는 순조로웠다. 그러나 에도막부는 신분질서와 봉건체제를 유지하기 위하여 1613년에는 외국인 선교사를 국외로 추방하는 등 기독교를 탄압하였다. 가혹한 박해를 받은 기독교 신자 중에는 깊은 산중이나 멀리 떨어진 섬 같은 곳에서 신앙을 지키기도 했다. 막부는 기독교인을 색출하는 방법으로 혐의자에게 그리스도나 마리아 그림의 판을 밟게 하는 후미에踏絵제도를 실시해 신자를 가려냈다. 기독교는 19세기 후반에 서구문화를 전파하는 역할을 했으나 일본사회에 깊이 침투하지는 못했다. 문화청의 2013년도 종교연감[18]에 의하면 기독교계열의 신자 수는 약 200만명으로 일본 전체 인구의 약 0.8%에 지나지 않는다고 한다(신도계 신자 약 1억 600만명, 불교계 신자 약 9600만명). 기독교가 갖고 있는 유일신 사상과 일본인의 다신교

후미에

18) http://www.bunka.go.jp/shukyouhoujin/nenkan/index.html(일본문화청)

에 대한 차이로 일본의 기독교 신자가 적다는 의견도 있다.

일본의 신흥종교로 대표적인 것은 1885년에 신도의 일파로 생겨난 덴리교天理教와 1930년에 창립된 소카각카이創価学会다. 특히 소카각카이는 1964년에 공명당을 결성하여 정계에 진출하기도 했다. 1970년 정교正教분리를 표방한 이후 공명당과 분리되었으나, 여전히 정치권에 영향을 미치고 있다. 신흥종교가 사회적으로 물의를 일으킨 예로 1984년에 창설된 옴진리교 사건을 들 수 있다. 1995년 도쿄의 지하철 내에 뿌려진 사린가스 테러 사건은 종말론을 주장하는 옴진리교가 일으킨 것으로 밝혀져 교주 아사하라 쇼코麻原彰晃는 2006년에 사형이 선고되어 현재 수감중이다.

제7장 일본의 전통예술

1. 가부키 · 노 · 분라쿠
2. 라쿠고 · 다도 · 이케바나
3. 우키요에
4. 일본의 전통음악과 악기

Ⅰ. 가부키歌舞伎, 노能, 분라쿠文楽

(1) 가부키

가부키는 에도시대에 성립된 고전연극으로 400여년의 역사를 가진 대표적인 일본의 전통예술이다. 샤미센三味線을 중심으로 한 연주, 화려한 의상과 무대장치, 독특한 분장과 퍼포먼스 등을 그 특징으로 한다.

이즈모노 오쿠니出雲阿国라는 무녀가 1603년에 교토에서 선보인 가부키오도리かぶき踊り가 가부키의 기원으로 알려져 있다. 기발한 의상에 여성 무용수만으로 이루어진 가부키오도리는 유곽의 일상을 묘사한 에로틱한 퍼포먼스가 평판을 얻어, 이후 유곽의 유녀들에 의해 널리 보급되기에 이른다(유녀 가부키遊女歌舞伎). 유녀 가부키가 널리 유행하자 풍기문란을 우려한 막부는 1629년에 여성에 의한 가부키를 전면 금지시킨다. 그로 인해 소년 배우들에 의한 와카슈 가부키若衆歌舞伎가 성행하였으나 1652년에 남색 등의 풍기문란을 이유로 역시 금지되었고, 이후 가부키 극단은 성년 남자배우만으로 구성되어 현재에 이르고 있다.

구마도리

가부키 배우들은 구마도리隈取라는 독특한 얼굴분장을 하고 연기한다. 특히 남자배우에 의한 여성 역할을 일컫는 오야마女形

와 신속하게 의상을 바꾸어 다른 역으로 변신하는 헨게모노變化物는 가부키의 묘미라고 할 수 있다.

가부키 공연은 도쿄의 가부키좌歌舞伎座를 포함한 3개 극장과, 오사카의 쇼치쿠좌松竹座, 교토의 미나미좌南座의 5개 가부키 전용극장을 중심으로 이루어진다. 이밖에도 매년 1~2회 가부키 공연을 실시하는 극장이 후쿠오카와 나고야, 도쿄 각처에 설치되어 있다. 가부키 공연장에는 무대와 관객석을 연결하는 하나미치花道가 설치되어 있어 관객이 보다 가깝게 배우들과 호흡할 기회를 갖는다. 상연시간은 휴식시간을 포함하여 4~5시간에 이르며, 휴식시간에는 마쿠노우치벤토幕の内弁当라고 하는 도시락을 먹는다.

가부키 배우들은 예명을 대대로 세습하는 습명제도襲名制度를 실시하고 있으며, 현재와 같은 가부키의 연극형식은 메이지시대의 9대 이치카와 단주로市川団十郎와 5대 오노에 기쿠고로尾上菊五郎 등에 의해서 정착되었다. 12대 이치가와 단주로나 9대 마쓰모토 고시로松本幸四郎와 같은 현대의 가부키 배우들은 영화배우와 탤런트를 겸하고 있기 때문에 대중들에게도 매우 친숙한 존재이다. 그들의 자녀들 또한 배우업을 이어받아 인기 배우가문을 형성하고 있다.

일본어로 미남자를 니마이메二枚目(두 번째), 익살꾼을 삼마이메三枚目(세 번째)라고 하는데, 이는 가부키극장의 배우소개 간판이 주역, 미남역, 익살꾼역 등의 순으로 배치되었던 것에 유래한다.

(2) 노能

노能는 14세기 중반에 형성된 가장 오래된 일본의 전통 가면극이다. 화려하고 대중적이며 주로 조닌町人(상공업인)계급이 후원했던 가부키에 비해, 초현실적이고 관념적인 내용을 절제된 동작을 통해 표현하는 노는 주로 무사계급의 후원을 받아 온 귀족적 연극이다. 노는 사루가쿠

노

猿楽라 불리는 제사용 음악에서 발전된 형식이며, 노의 막간에 상연되는 희극인 교겐狂言과 함께 노가쿠能楽라 불리기도 한다.

노는 마이舞라고 불리는 추상화된 무용 동작과 독특한 가락으로 대사를 읊는 우타이謡, 배우의 등·퇴장 시에 연주되는 하야시囃子로 구성되어 있다. 노에 쓰이는 탈, 노멘能面은 주역에 해당하는 시테仕手만이 착용한다. 시테 이외의 등장인물에는 시테의 대사를 이끌어내는 와키脇, 보좌역에 해당하는 쓰레ツレ가 있다.

노는 무로마치시대(1338~1573)의 천재적인 배우이자 각본가인 간아미観阿弥와 제아미世阿弥에 의해서 현재와 같은 형식으로 정착되었고, 에도막부에 의해 예전礼典용의 공식행사로 지정되어 현재에 이르고 있다.

대규모의 공연장을 필요로 하는 가부키와는 달리 노의 공연장은 비교적 소규모이며, 전국 70여개에 달하는 노 전용극장인 노가쿠도能楽堂 이외에도 여러 신사에 노무대가 설치되어 있다.

(3) 분라쿠文楽와 조루리浄瑠璃

분라쿠란 원래 일본의 전통인형극인 닌교조루리人形浄瑠璃의 전용극장을 지칭하는 용어로, 현재는 보통 닌교조루리와 동의어로 사용되고 있다. 또한 닌교조루리 공연의 무대음악만을 지칭할 때는 조루리라는 용어가 사용된다.

분라쿠는 16세기 말엽(아즈치·모모야마安土桃山시대)에 형성되어,

에도시대에 이르러 교토와 오사카 지방을 중심으로 가부키와 영향을 주고받으며 발달한 공연형식이다.

분라쿠

분라쿠 공연은 인형을 조종하는 3명의 닌교즈카이人形遣い와 노래로 대사를 표현하는 다유太夫, 그리고 샤미센을 연주하는 연주자로 구성되어 있다. 닌교즈카이는 인형의 얼굴표정과 머리, 오른손을 조종하는 오모즈카이主遣い, 인형의 두 발을 조종하는 아시즈카이足遣い, 왼손을 조종하는 히다리즈카이左遣い로 구분된다. 오모즈카이 이외의 닌교즈카이는 머리에 검은 두건을 뒤집어쓰고 연기하여 관객들의 시선을 인형에 집중하도록 유도한다. 하나의 인형을 세 명의 닌교즈카이가 조종하기 때문에 세계의 수많은 인형극 중에서도 가장 섬세하고 완성도 높은 연기가 가능한 것으로 알려져 있다. 오사카에 전용극장인 국립 분라쿠극장이 있으며, 그 밖의 지역에서도 정기적으로 공연이 실시되고 있다.

2. 라쿠고落語, 다도茶道, 이케바나生け花

(1) 라쿠고落語

라쿠고

라쿠고는 에도시대에 성립된 전통적인 1인 구술희극으로, 오토시바나시落し噺, 줄여서 하나시噺라고도 불린다. 다른 연극 장르와는 달리, 의상이나 도구, 음악 등에 거의 의존하지 않고, 오로지 라쿠고카落語家 한 명의 이야기와 동작만으로 무대를 진행하기 때문에 고도의 기술을 필요로 한다.

라쿠고카는 무대 위에 마련된 방석(고좌高座로 불린다) 위에 정좌로 앉아서 공연을 한다. 도구는 쥘부채扇子와 손수건手拭い만을 사용하며, 이를 가지고 젓가락이나 칼, 책, 지갑 등을 대신해 여러 가지 상황을 표현해 낸다.

본 줄거리에 들어가기 전에 일반적으로 마쿠라枕라고 불리는 도입부로 이야기를 시작한다. 또한 반드시 오치落ち라고 하는 관객의 예상을 뒤집는 결말로 이야기를 마무리해야 한다.

쇼후쿠테이 쓰루베笑福亭鶴瓶나 6대 가쓰라 분시桂文枝와 같은 유명

라쿠고카는 코메디언, 배우, TV사회자를 겸하고 있기 때문에 대중들에게 인지도가 높다. 가부키 배우와는 달리 자녀 이외의 제자들이 예명을 세습하는 경우가 많다.

라쿠고 공연은 요세寄席로 불리는 상설의 전용극장 이외에 일반 공연장에서도 이루어진다.

(2) 다도茶道

일본의 다도는 원래 선종의 승려들 사이에서 유행했던 차 문화에 뿌리를 두고 있기 때문에 주인과 손님의 일체감을 강조하는 등 불교의 정신수양적인 측면이 많이 반영되어 있다. 현재와 같은 다도 형식은 16세기 중반 센노 리큐千利休에 의해 완성되었고, 에도시대 조닌町人계급의 성장과 함께 일반 대중에게도 널리 보급되었다.

다도

일본의 다도는 중국과 한국의 차 문화와는 달리, 다려 마시는 차(전차煎茶)보다는 물에 차의 분말을 섞어 마시는 말차抹茶가 중심이다. 한국에서 커피와 같은 기호식품의 하나로 소비되는 녹차는 일본의 경우 식수를 대신하는 가장 일반적인 음료로 소비되고 있다. 따라서 음료로서의 녹차와 지극히 형식화된 다도에서의 녹차는 엄밀하게 구분이 된다.

센노 리큐에 의해 체계화된 다도의 정신을 「와비侘び」라고 한다. 「와비」란 사물의 약간 부족한 상태나 모양에서 우러나오는 감정을 말한다. 약간 부족한 단계에서 스스로 만족하는 경지, 또는 간소함 속에 내재되어 있는 안정된 상태나 감정을 있는 그대로 수용하는 경지이기도

하다.[19] 이러한 와비의 정신은 건축과 도예 등 다른 예술분야에 지대한 영향을 미쳤다. 즉 화려함과 정교함을 특징으로 하는 일본의 여타 전통문화와는 구별되어, 투박함과 거친 질감에서 느껴지는 새로운 미의식을 발현시키는 계기가 된 것이다.

(3) 이케바나生け花

이케바나는 15세기 후반 불전에 꽃을 공양하는 풍습에서 시작되어, 16세기의 건축물에 도코노마床の間라는 장식공간이 생기면서 급속하게 발전한 일본의 전통문화이다. 이케바나의 정신적인 면을 강조할 경우 화도華道라고도 불린다. 어떤 방향에서 바라보아도 일정한 형태를 유지하는 서양의 플라워 어렌지먼트와는 달리, 이케바나는 감상하는 방향을 정면으로 설정하여 2차원적으로 형태를 만들어가는 특징이 있다. 또한 다채로운 색상의 꽃 배열을 중심으로 하는 플라워 어렌지먼트에 비해 나뭇가지, 잎, 이끼 등의 모든 재료를 감상의 대상으로 한다는 차이가 있다.

이케바나

이케바나의 가장 오래된 형태는 도코노마의 장식을 위한 릿카立花이다. 릿카는 소나무와 화초 등의 한정된 재료를 사용하여, 먼저 중심이 되는 가지를 세우고 그 좌우에 화초를 배치하는 형식이다. 이후 에도시대 중기에 세이카生花라는 형식이 유행하게 되었다. 세이카는 천 · 지 · 인에 해당하는 꽃가지를 설정하고 침봉을 사용하여 그 가지

---

19) 구태훈 『일본문화사』재팬리서치21, 2011

들을 삼각형으로 배치하는 형식이다. 엄격한 형식을 중시하는 릿카와 달리 형식에서 과감하게 탈피하는 정신을 중시하는 경향 때문에 서민층으로 급속히 보급되어 가장 일반적인 이케바나의 유파를 형성하게 되었다. 메이지시대에 들어서 다도와 함께 여성들이 익혀야 할 필수교양으로 자리를 잡게 되었다.

3. 우키요에浮世絵

우키요에란 에도시대에 성행한 서민적인 회화장르로 니시키에錦絵라고도 불린다. 일반적으로는 다량 복제가 가능한 목판화가 주류이나 병풍이나 천에 그린 육필 우키요에도 존재한다.

고호 작품 속 우키요에

우키요浮世란 본래 덧없는 세상을 의미하는 불교용어였으나 점차 현실, 현대풍, 풍속 등의 의미로 사용되게 되어, 조닌계급의 서민적 생활상을 묘사한 그림이라는 의미에서 우키요에란 이름이 사용되었다.

대량으로 유통할 수 있는 판화의 특성상 귀족적이고 심오한 주제의 그림보다는 대중들의 취미, 오락의 제재로 사용되는 경향이 강하였다. 19세기 후반에 유럽에 소개되어 강렬한 색채와 과감한 구도, 그림자의 생략 등의 특징이 고호, 마네 등 후기 인상파화가들에게 큰 영향을 끼치기도 하였다.

대표적인 화가로는 다음과 같은 4대 우키요에 화가가 있다.

(1) 기타가와 우타마로喜多川歌麿(1753?~1806년)

미인도를 주된 테마로 한 화가로, 종래의 전신상이 주류이던 미인도

에서 오쿠비お首라고 하는 얼굴을 중심으로 한 구도를 창안하였다. 이 구도로 인해 보다 섬세한 얼굴 표정과 내면의 표현이 가능해졌다.

기타가와 우타마로의 작품

(2) 도슈사이 샤라쿠

東洲斎写楽(생존연대불명)

1794년 10개월이라는 단기간 동안 집중적으로 가부키 배우, 스모선수들을 그린 145점의 초상화을 남기고 홀연히 사라진 화가이다. 과장된 표정과 데포르메된 형태가 특징으로 폭발적이고 근원적인 에너지를 담아내었다.

도슈사이 샤라쿠의 작품

(3) 가쓰시카 호쿠사이葛飾北斎(1760?~1849년)

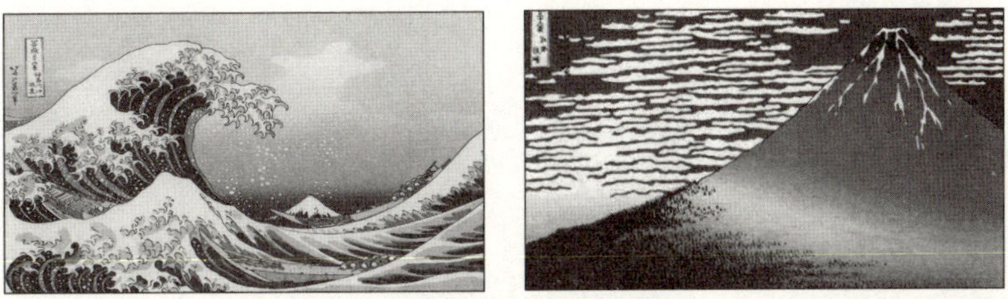

가쓰시카 호쿠사이의 작품

시바 고칸司馬江漢으로부터 서양화기법을 배워 자신만의 독특한 양식으로 창출해 내었다. 중국의 영향을 받은 종래의 무정형의 산수화에서 탈피하여, 대칭적인 형태의 후지산 등 기하학적인 풍경에 주목하였다. 구성과 배치가 탁월한 수많은 풍경화를 제작하였다.

(4) 안도 히로시게安藤広重(1797~1858년)

원래 미인화를 주로 그렸으나, 호쿠사이의 영향을 받아 풍경화가로 전향하였다. 일본 사계절의 풍경을 여정과 애수를 담아 그려내었다.

안도 히로시게의 작품

4. 일본의 전통음악과 악기

쓰즈미와 샤미센

일본의 궁중음악인 가가쿠雅楽는 나라시대에 한반도와 중국의 아악雅楽에 영향을 받아 형성된 음악형식으로 헤이안시대에 신사나 사원 등에서 연주되었다. 쇼묘声明는 불교의 전래와 더불어 발생한 음악으로 승려가 불전 독경에 음률을 붙여 법회 등에서 읊는 것이며, 이 또한 헤이안시대에 널리 성행하였다. 민요民謡는 일본의 각지에서 전승되어온 전통적인 가창곡을 총칭하는 말로, 서민의 일상생활 속에서 자연적으로 발생하여 전승된 음악형식이다. 특정 지방이나 직업에 종사하는 사람들이 갖는 생활감정을 소박하게 표현한 노래이다.

일본의 대표적인 전통악기로는 먼저 샤미센三味線이라는 3현악기를 들 수 있다. 샤미센은 원래 오키나와沖縄의 전통악기로 1500년대 후반에 관서지방의 사카이堺에 전래되어 비와琵琶법사에 의해 개량되었다. 바치バチ라고 하는 은행나무 잎 모양의 기구로 현을 튕겨서 연주하며, 전통 무대예술의 반주용으로 많이 사용된다.

샤쿠하치尺八는 일본 전통의 목관 악기로, 악기의 이름은 1척尺 8촌寸(약 55㎝)의 길이에서 유래한다. 대나무의 뿌리 부분을 사용하여 제작

와다이코

되며, 전면에 4개 후면에 1개의 구멍이 있다. 악기를 수직으로 잡아 윗부분에 있는 구멍을 불어 연주한다.

타악기의 일종인 와다이코和太鼓는 원통형 동체의 양면 또는 한 면에 가죽을 덧대어 만든 것으로, 예로부터 가가쿠雅楽, 가부키歌舞伎, 노能, 신사나 사원의 행사 등에 사용되었다. 손으로 들고 치는 정도의 사이즈부터 받침에 올려놓고 양손으로 연주하는 정도까지 다양한 크기의 와다이코가 있다. 북채를 사용하여 두드리는 것을 다이코太鼓라 부르고 손바닥을 이용하여 치는 것을 쓰즈미鼓라고 한다.

제8장 일본의 도시문화

1. 일본의 교통수단
2. 일본의 쇼핑문화
3. 일상적 여가활동

1. 일본의 교통수단

(1) 자전거

자전거 주차장

오늘날 일본에서 자전거는 생활필수품에 가까운 존재로 아이에서 어른까지 대다수의 사람들이 손쉽게 이용할 수 있는 대표적인 이동수단이다. 가까운 학교나 전철역, 시장 등에 갈 때 많은 일본인들이 자전거를 이용한다. 일본의 자전거 보유대수는 약 7400만대이고 한 세대 당 약 1.35대를 소유하고 있다.[20] 일본에서 자전거는 우리나라처럼 여가활동이나 취미보다는 실생활의 이동수단으로 이용되고 있다. 따라서 일본 도심의 거리에서는 마운틴 바이크나 일명 사이클로 불리는 로드 바이크와 같은 특수한 목적을 위해 만들어진 자전거 보다는, 앞바퀴 쪽에 바구니를 달아 물건을 싣거나 뒷좌석에 사람을 태울 수 있도록 실용성이 강조된, 일명 마마차리ママチャリ라 불리는 시티 사이클 종류를 많이 볼 수 있다. 또한 이러한 자전거의 편리한 이용과 도난 방지를 목적으로 역 주변이나 학교, 상업시설 및 아파트 단지 등에 지방자치단체가 중심이 되어

20) 2012년도「자전차 보유 실태에 관한 조사」일본 자전차산업 진흥협회 참조.

자전거 주차장駐輪場을 설치하고 있으며 2009년 현재 약 432만대를 수용할 수 있다.

(2) 택시

메이지 말기부터 시작된 일본의 택시 운송업은 긴 세월만큼이나 굴곡진 역사를 가지고 있다. 전시에는 석유 연료의 부족으로 그 규모가 대폭 축소되어 사업이 폐지될 위기에 놓였으며, 전후 1950년대에는 불친절과 부당요금 등이 사회문제가 되었다. 그 후 정부와 택시업계간의 상호협력을 바탕으로 오늘날과 같이 향상된 서비스가 실현되었다. 다만 1990년대 중반부터 실시된 규제완화 정책으로, 특히 대도시에서 택시가 급증하고 요금이 상승하는 등 부작용도 따르고 있다. 일본 택시의 기본요금은 지역에 따라 조금씩 차이를 보이나 일반적으로 도쿄의 경우 처음 2㎞까지는 730엔, 이후 280m당 90엔씩 요금이 상승하고, 오사카는 처음 2㎞까지는 660엔, 이후 296m당 80엔씩 추가 된다.[21] 일본 택시는 뒤쪽 좌석의 출입문이 운전기사에 의해 자동으로 개폐되는 시스템을 갖추고 있어 손님은 차량에 탑승할 때 스스로 문을 여닫을 필요가 없다.

택시

(3) 버스

1903년 11월 미쓰이三井상회가 교토시내에서 일본에서 처음으로 대중교통으로서의 버스영업을 시작하였다. 이후 1923년 9월에 발생한 관

21) 도쿄는 「니혼교통日本交通」, 오사카는 「간쿄택시関協タクシー」의 경우.

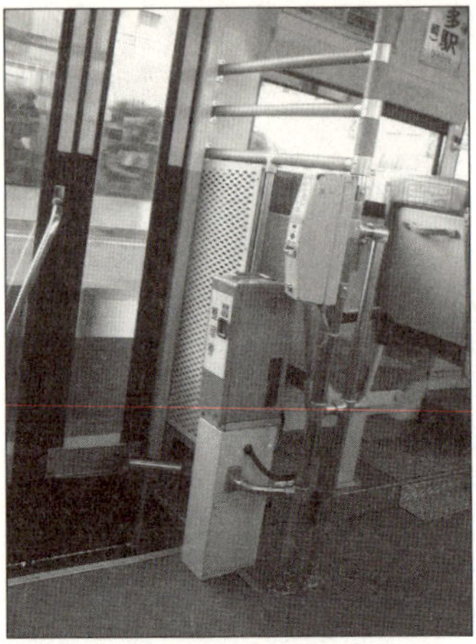

버스 정리권함

동대지진의 여파로 수도 도쿄의 철도 기능이 마비되자 운송수단으로써 버스의 역할이 크게 주목받게 되었다. 전후 철도와 함께 일본 대중교통의 일익을 담당해온 버스업계는 1960년대 이후 자가용의 보급과 지방 도시의 과소화過疎化로 인해 노선 폐지와 통폐합의 과정을 겪게 된다. 오늘날 일본의 노선버스는 원 맨 버스ワンマンバス로 운행되고 있다. 1980년대 이전에는 운전기사와 차장이 한 조를 이루어 버스를 운행해 왔으나 시스템의 현대화를 통해 운전기사 한 사람에 의해 출입문 개폐와 차내 안내방송 및 환전 등이 이루어지고 있다. 일본의 도심을 운행하는 노선버스는 구간 요금을 책정하고 있다. 즉 정류장에서 버스의 뒷문으로 올라탄 승객은 출입문 옆에 설치된 기계에서 자신이 탑승한 구간을 식별하는 번호가 적힌 정리권整理券을 뽑는다. 이후 안내방송을 통해 자신의 목적지가 가까워지면 하차 버튼을 누르고, 버스 내에 설치된 요금 전광판을 통해 구간 요금을 확인한 후 요금함에 운임을 투입하고 앞문을 통해 하차한다. 운전기사는 발차와 정차, 그리고 커브를 돌 때 버스 내의 승객들에게 안내 멘트를 방송하여 불의의 사고를 미연에 방지할 수 있도록 주의를 환기시킨다.

(4) 철도

일본의 철도산업은 메이지유신 이후 근대화 과정 속에서 정부주도적인 성격을 띠며 발전하여 왔다. 수도 도쿄와 지방의 거점 도시들을 잇는 노선이 먼저 발달하였으며 이후 지방의 작은 도시간을 잇는 노선도

정비되어 일찍부터 물자와 인력을 수송하는데 커다란 역할을 맡아 왔다. 오늘날에도 전철이나 지하철 등은 도심 내부를 달리며 도시민의 대중교통으로서 커다란 비중을 차지하고 있다. 도쿄의 경우 도심을 순환하며 이케부쿠로池袋-신주쿠新宿-시나가와品川 등을 연결하는 JR 야마노테山手선을 비롯하여 오차노미즈御茶ノ水-긴자銀座-가스미가세키霞ヶ関 등을 연결하는 도쿄메트로東京メトロ의 마루노우치丸ノ内선, 료고쿠両国-시오도메汐留-롯폰기六本木 등을 연결하는 도쿄도교통국에서 운영하는 오에도大江戸선 등 수많은 노선이 도심 곳곳을 연결하며 시민들에게 이동의 편의를 제공하고 있다. 1987년에 일본의 국유철도는 전국을 6개 권역(홋카이도, 히가시니혼東日本, 도카이東海, 니시니혼西日本, 시코쿠, 규슈)으로 나누어 JR=ジェイアール이라는 이름의 민간회사로 탈바꿈하였다. 1964년 10월부터 영업을 시작한 일본의 고속철도인 신칸센 또한 현재 JR에서 운영하고 있다. 신칸센 열차 중 현재까지 가장 빠른 속도를 내는 노조미のぞみ를 타고 도쿄역에서 신오사카역까지 약 550㎞를 이동할 경우 2시간 30여분 만에 도착할 수 있다.

JR전철

2. 일본의 쇼핑문화

(1) 편의점

훼미리마트

1970년대 중반부터 1980년대까지 세븐일레븐セブンイレブン, 로손ローソン, 훼미리마트ファミリマート 등 오늘날 일본의 대표적인 편의점들이 전국에 점포수를 늘려가며 새로운 쇼핑문화를 개척해 나갔다. 일본의 편의점에서는 일반적으로 식료품부터 일용품, 신문, 잡지, 문구, 화장품에 이르기까지 일상생활에 필요한 대부분의 물품들을 판매하고 있다. 대표적인 물품들을 몇 가지만 살펴보면 먼저 식료품에는 도시락, 삼각김밥 등 식사대용품과 더불어 과자, 음료수 등 간식류까지 고루 갖추고 있으며, 담배와 술과 같은 기호식품도 판매하고 있다. 또한 일용품에는 비누, 샴푸, 치약, 칫솔 등 위생용품과 더불어 건전지, 전구, 화장품 등의 소모품도 취급하고 있으며, 감기약과 같은 간단한 의약품과 음악 CD나 영화 DVD 등도 판매하고 있다. 일본의 편의점은 단순히 물품을 구매하는 장소만이 아닌 일상생활에 필요한 여러 가지 서비스도 이용할 수 있다. 전화, 전기, 가스 등 각종 공공요금의 수납을 비롯하여 콘서트 티켓 예매

와 우편 및 택배서비스, 그리고 현금자동지급기 사용 등의 서비스를 간편하게 이용할 수 있다. 대다수의 편의점들은 24시간 영업을 기본으로 하고 있다. 따라서 가로등이 적은 교외에 위치한 편의점들은 밤길에 뜻하지 않은 사건에 휘말린 시민들이 안전하게 몸을 피할 수 있는 장소로도 활용되고 있다. 다만 최근에는 편의점 업계 내부에서 심야영업 이익의 효율성에 대한 의문이 제기되어 점포별로 영업시간을 달리하는 경향을 보이고 있다. 또한 밤에도 불이 꺼지지 않는 편의점 앞 주차장이나 주변 지역에 무리를 지어 모여든 청소년들의 비상식적인 행동으로 인해 인근 주민들이 피해를 입는 경우도 많은데 이는 편의점 보급의 부작용이라 할 수 있을 것이다.

(2) 백화점

일본의 백화점

일본의 도시 중심지나 역 주변에서 백화점을 찾아보기란 그리 어렵지 않다. 1900년을 전후로 일본에서는 그동안 주로 직물 소매업을 담당하던 포목점呉服店들이 미국식 백화점을 모델삼아 새로운 판매 및 경영방식을 시도했다. 서양식 건축물에 쇼윈도를 설치하고 옷감뿐만 아니라 잡화나 가정용품 등을 진열하여 판매하기 시작한 것이다. 이 시기에 관동지방에서는 미쓰코시三越가 도쿄를 중심으로, 중부지방에서는 마쓰자카야松坂屋가 나고야에 본거지를 두고 영업을 시작하였으며, 관서지방에서는 다카시마야高島屋가 교토와 오사카에 진출하여 영업하였다. 일부 백화점은 개장 초기 화려한 건물과 수입제품들을 판매하며 격조 높은 쇼핑명소로 대중들에게 어필하기도 하였으나 대부분의 백화점들은 싼 가격에 질 좋은 물건을 한 곳에서 구입할 수 있는 소위 「원 스탑 쇼핑」이란 판매 전략을 표방하고 있었다. 따라서 일본의 백화점은 도시의 일부 부유층뿐만 아니라 중류층 이하의 서민들에게도 널리 수용되어 급속도로 판매고를 늘려 발전하게 된다. 한편 포목점계열 백화점의 신장과 더불어 철도 보급으로 인해 도시 교통의 중심지로 부상한 역 내부와 그 주변에도 철도회사 직영의 백화점들이 들어서기 시작하였다. 1929년 오사카의 우메다梅田역을 중심으로 영업을 시작한 한큐阪急백화점이나 1934년 도쿄의 시부야역에 개점한 도요코東横백화점 등이 그런 부류에 속한다. 이러한 철도회사의 백화점 경영은 1960년대까지 지속되었으며, 특히 한큐백화점은 오늘날 일본 백화점의 대다수가 도입하고 있는 건물 상층부의 음식점을 일본 최초로 운영하였다.

패전 후 일본경제가 붕괴된 시기에도 백화점은 일반 대중을 타겟으로 특가상품의 적극적인 판매와 식당 및 놀이기구 등의 편의시설을 도입하여 가족단위로 즐길 수 있는 쇼핑 및 여가 공간의 면모를 강화해 나갔다. 이후 1960~70년대를 거치며 교외에 위치한 대형 쇼핑센터들이 대규모 점포에서 저가격의 물품을 다량으로 소비자에게 제공하는 등 공격적인 마케팅을 실시하자 백화점은 상품과 서비스의 고급화를 지향하며 이에 맞섰다. 일반적으로 일본의 백화점들은 고객의 출입구 역할을 담당하는 1층에 고급 화장품이나 가방, 신발 등을 진열하여 화려한 분위기를 연출하고, 2~3층은 여성용 의류가 주를 이루며, 4층에는 신사복, 5층에는 잡화나 보석, 시계 등을 취급하고, 6층에서는 스포츠용품이나 아동복 등을 판매하는 매장으로 구성되어 있다. 또한 최상층에는 레스토랑을 입점시켜 가족이나 연인들의 외식장소로 활용되고, 지하에는 식료품이나 반찬코너를 개설하여 주부들의 발길을 붙잡고 있다.

고도경제성장과 버블경기의 도래로 인해 값비싼 고가품에 대한 수요가 증가함에 따라 백화점의 판매고는 1990년을 전후하여 최고점에 달하였으나 이후 경기불황이 지속되자 유통업계의 왕좌를 저가격 대량판매를 강점으로 하는 쇼핑센터에 넘겨주게 되었다. 이러한 유통구조의 변화 속에서 기존의 백화점들은 합병을 통한 생존전략을 모색하게 된다. 2007년에 다이마루大丸와 마쓰자카야가 경영통합에 착수하여 2010년에 합병이 마무리되면서 다이마루마쓰자카야大丸松坂屋 백화점이 탄생한다. 또한 2008년에는 미쓰코시와 이세탄伊勢丹이 경영통합에 합의해 2011년부터 미쓰코시이세탄三越伊勢丹이란 상호로 영업을 지속하고 있다.

(3) 쇼핑센터

다이에이

1960년대 중반 일본의 도시 외곽지역에 이전까지의 도심형 매장 중심인 백화점과는 달리 저가격의 상품을 대량으로 진열 판매하는 쇼핑센터들이 등장하게 된다. 1980년대 이후 대중화된 자동차를 통해 접근성이 용이해진 이들 쇼핑센터는 백화점을 뛰어넘는 고객 유치에 성공하고, 그 규모를 더욱 확장시키기에 이른다. 도시 근교의 넓은 부지에 거대한 주차장과 매장을 확보하고 식료품을 중심으로 의류, 잡화, 가전, 가구를 비롯하여 서점과 놀이시설 및 음식점까지 고루 갖춘 이러한 대형 쇼핑센터는 시민들이 장시간 체류하며 즐기는 여가공간으로서의 면모를 확충해 나아가고 있다. 이러한 쇼핑센터의 선구적 역할을 담당한 기업으로는 다이에이ダイエー를 꼽을 수 있다. 1957년에 고베神戸시에서 탄생한 다이에이는 이후 관서지방을 중심

으로 대형 슈퍼마켓 사업을 펼치며 교외의 쇼핑센터 건설에 힘을 쏟았다. 1960~70년대를 거치며 「양질의 제품을 더욱 싼 가격에」라는 캐치프레이즈를 내걸고 가격파괴 노선을 취하여 업계를 리드한 다이에이는 1980년대 이후 일본 전국의 중소 슈퍼마켓들을 흡수하며 다이에이 브랜드 가치를 높여 그룹회사로 성장해 갔다. 이러한 여세를 몰아 한때 후쿠오카를 연고지로 한 프로야구단을 소유하기도 하며, 소매유통업 이외의 분야에도 진출하였으나 버블경제 붕괴로 인한 여파를 감당하지 못하고 경영파탄에 이르게 되었다.

다이에이가 몰락하는 사이 일본의 쇼핑센터 업체의 강자로 대두한 것이 이온AEON과 이토요카도イトーヨーカドー였다. 이온의 전신인 자스코JUSCO는 1970년에 지방도시를 중심으로 영업을 펼치던 중소형 슈퍼마켓 체인점 3곳이 합동으로 설립한 회사였다. 초창기에는 생필품과 식료품을 주로 취급하는 일반적인 슈퍼마켓에 불과했으나 1980년대부터 1990년대 사이에 취급상품의 다양화 및 저가격화를 추진하며 일본 전국에 점차 그 점포수를 늘려가기 시작하였고, 동남아시아와 대만, 홍콩 그리고 중국에까지 진출하였다. 2001년에 회사명을 이온으로 변경한 뒤에도 기존의 중소형 슈퍼마켓들은 여전히 자스코란 브랜드로 영업을 계속하였다. 한편, 2000년대 후반부터는 앞서 언급한 쇼핑과 문화 활동 등 다양한 체험이 가능한 대형 종합쇼핑센터를 건설하기 시작하였다. 또한 2013년에는 쇼핑센터의 원조격인 다이에이의 회생절차에 관여하여 이를 자회사로 삼아 산하에 두었다. 현재 전국에 약 500점포를 운영 중인데, 최근에는 기존의 슈퍼마켓도 종합쇼핑센터와 동일한 이온 브랜드로 통일하고, 자사 브랜드 상품을 개발하여 판매하는 등 기업의 이미지 관리와 경영혁신을 통한 신장을 꾀하고 있다.

1920년대에 도쿄에서 영업을 시작한 작은 양품점에 불과했던 이토요카도는 1950년대 후반부터 본격적으로 소매유통업에 뛰어들었으며, 1970년대에 들어서 비둘기 마크를 상징으로 오늘날의 이토요카도란 회사명을 사용하기 시작하였다. 이온이 전국적인 점포 확대를 꾀하며 브랜드 이미지 강화와 시장 점유율을 높인 반면, 이토요카도는 동일 권역에 집중적인 점포 전개를 통해 라이벌 기업의 진출을 차단하는 전략을 취하였다. 따라서 호쿠리쿠北陸, 시코쿠, 규슈 지방에서는 점포를 찾아보기 힘드나, 도쿄를 중심으로 한 수도권에는 100점포 이상이 집중되어 있다. 현재 일본 전국 24개 지역 180여 쇼핑센터를 운영 중에 있다. 이토요카도는 2005년 9월 일본 내 편의점 업계 1위인 세븐일레븐과 합작회사를 설립하여 적극적인 시장개척에 임하고 있으며, 또한 미쓰이물산과 쇼핑센터 개발회사를 공동으로 설립하여 아리오Ario라는 브랜드로 기존에 취약했던 교외형 대형 쇼핑센터 개발에 착수, 2013년 현재 전국 16개소에서 영업 중이다.

(4) 돈키호테와 북오프

백화점이나 쇼핑센터 이외에도 일본에는 고유의 특색을 지닌 상점들이 많은데 여기서는 돈키호테ドン・キホーテ와 북오프ブック・オフ에 대해서 살펴보기로 한다. 먼저 돈키호테는 일본의 관동지방을 중심으로 전국

돈키호테

주요도시에 약 240개의 점포를 운영하는 일본을 대표하는 종합 디스카운트 상점이다. 파티용품을 시작으로 잡화, 식료품, 술, 화장품, 일용품, 의류, 레저용품, 인테리어, 가전제품, 휴대전화, 보석, 명품(가방, 시계, 향수) 그리고 성인용품에 이르기까지 광범위한 장르의 다양한 상

품들을 한 곳에서 만나볼 수 있는 장소로 유명하다. 이러한 막대한 양의 상품들을 고객들에게 어필하기 위한 수단으로 압축진열이란 상품 진열 방식을 채택하고 있다. 이는 점포 내에 고객이 이동할 수 있는 최소한의 공간만을 남겨두고 상품들을 바닥에서 천장까지 빼곡히 쌓아두어 마치 미로와도 같은 느낌을 받게 된다. 또한 동일 권역내일지라도 특정 상품에 대한 가격이 점포에 따라 다른 경우가 있다. 이는 판매상품 가격에 대한 결정권이 각 지점장들에게 부여되어 있기 때문이다.

북오프

돈키호테와 더불어 특색 있는 일본의 쇼핑 장소인 북오프는 일본을 대표하는 중고 상품 판매 체인점이다. 1990년에 북오프 제1호점이 문을 연 뒤로 「새로운 중고서점」을 표방하며 프렌차이즈 전개를 시작하여 전국 각지에 가맹점을 늘려가고 있다. 주요 판매 상품은 소설, 만화, 잡지 등의 서적이나 음악CD, 게임, 장난감, 의류, 가전에 이르기까지 최근에는 다양한 중고 상품들을 취급하고 있다. 2014년 7월 현재 일본 전역에 약 990개 점포가 있으며, 미국, 프랑스 등 해외에도 약 11개 점포를 운영 중에 있다. 장기적인 경기불황의 여파와 근검절약하는 일본인들의 소비심리, 그리고 재사용에 대한 사회적 관심이 높아지면서 이러한 형태의 중고 상품 판매점을 곳곳에서 찾아 볼 수 있다.

3. 일상적 여가활동

(1) 파칭코

파칭코는 일본을 대표하는 놀이문화 중 하나로 1930년에 처음 시작되어 전시에 일시 중단 되었다가 그 후 부활하여 일반 서민들의 생활 깊숙이 침투하였다. 파칭코란 유리판으로 덮인 판안에 쇠구슬을 튕겨서, 촘촘히 박혀 있는 못을 따라 떨어지는 구슬의 방향에 의해 득점이 결정되는 놀이이다. 초창기에는 단순한 구성과 물리적인 힘에 의해 결정되던 게임의 결과가 오늘날에는 화려한 음향효과와 전광판을 사용한 전자시스템의 도입으로 보다 역동적인 게임을 즐길 수 있도록 발전되었다. 게임을 통해 얻은 구슬의 양에 따라 특정 경품과 교환할 수 있으며 경품의 종류에는 담배, 과자, 수건, 양말 등 생활용품에서부터 전기제품, 화장품, 액세서리, 식료품까지 다양하게 갖추어져 있다. 또한 획득한 구슬을 파칭코 가게에서 지정된 경품으로 일단 교환한 뒤 이를 다시 근처의 환전소景品買取所에서 현금으로 교환받는 방법도 있으며 이를 특수경품이라 칭한다. 오늘날 일본의 대다수의 파칭코는 유명한 애니메이션이나 영화, 드

파칭코 내부

라마 등과 제휴관계를 맺고 해당 캐릭터가 등장하거나 스토리를 즐길 수 있는 기계를 운영하고 있다. 이는 감소하고 있는 파칭코 인구를 늘리기 위한 방편으로 해당 콘텐츠의 기존 팬층을 파칭코 업계에서 흡수하기 위한 경영전략이다. 이에 따라 「겨울연가」나 「대장금」 등과 같은 일본에서 유행한 한류 드라마와 제휴한 파칭코 기계도 종종 찾아볼 수 있다. 2012년 현재 일본의 파칭코 인구는 약 1100만명이고 시장규모는 약 20조원에 육박하고 있으며 전국에 약 12,000여 점포가 운영 중에 있다.[22)]

(2) 게임센터

게임센터란 전자 오락기를 중심으로 전기기계를 활용한 유희시설을 갖춘 점포를 지칭한다. 일반적으로 게센ゲーセン이란 약칭으로 불려진다. 일찍부터 전자 오락게임 분야의 발전 및 보급이 활발했던 일본사회에서는 가정용

게임센터

소형 게임기가 등장하기 이전부터 이러한 아케이드게임 시설이 유행하였다. 1978년에 일본의 게임회사인 타이토TAITO가 개발한 「스페이스 인베이더」라는 게임이 일대 붐을 일으켜 사회현상으로까지 발전하게 된 것은 오늘날 일본의 게임센터 발전에 큰 영향을 미쳤다고 볼 수 있다. 다만, 1986년을 피크로 가정용 게임기(1983년 닌텐도任天堂에서 「훼미리컴퓨터」 발매)의 보급이 증가하면서 전국의 게임센터의 추이는

22) 일본 유기관련 사업협회 홈페이지 참조. http://www.nichiyukyo.or.jp/gyoukaiDB/m6.php

감소추세로 돌아서게 되었다. 이후 장르의 다양화를 꾀하기 위해 모니터 화면을 통해 행해지는 단순한 비디오 게임 뿐만 아니라 진열된 상품을 들어 올리거나 메달을 떨어뜨려 경품을 획득하는 게임 및 스티커 사진기나 어린이용 카드게임기 등 활동성을 강조한 게임기를 설치하여 여러 세대가 함께 즐길 수 있는 놀이 시설로 변화하였다. 2013년 현재 일본 전국의 게임센터는 도쿄를 중심으로 전국적으로 약 6000여개소가 운영 중이다.[23]

(3) 가라오케

원래 가라오케란 1970년대 경 도입된 악기 연주를 라이브가 아닌 사전에 녹음된 음원을 틀어 놓고 그에 맞추어 노래를 부르며 즐기기 위해 개발된 기계를 지칭하는 말이었다. 다만 오늘날의 가라오케는 단순히 노래를 부

가라오케 간판

르기 위한 장치뿐만 아니라 노래를 부르는 장소, 즉 가라오케 박스カラオケボックス까지 그 의미가 확대되어 사용되고 있다. 1980년대 이후, 전에는 주로 유흥업소에서 음주시의 여흥으로 활용되던 가라오케 기계를 방음효과가 갖춰진 개별 공간에 설치하여 남녀노소를 불문하고 노래를 즐길 수 있는 장소를 제공하는 사업이 시작되었다. 또한 1990년대에 들어서자 가라오케 뿐만 아니라 식사나 음료를 제공하는 체인 업체도 등장하기 시작하였는데, 현재 일본의 대표적인 가라오케 체인 업

23) 2013년도 『경찰백서警察白書』 참조.

체에는 시닥스SHIDAX, 빅에코BIGECHO 등이 있다. 이러한 업체들은 혼자 오는 손님을 위한 1인 전용 룸, 패션잡화 회사와 제휴하여 화려한 인테리어를 도입한 여성전용 룸, 아이를 동반한 주부들을 위한 키즈룸, 그리고 애완동물과 함께 이용할 수 있는 룸 등 다양한 서비스를 제공하며 고객 유치를 위해 노력하고 있다. 2012년 현재 일본 전역에 약 13만여 곳의 가라오케 룸이 존재하며 연간 4680만명이 이용하고 있다.[24]

(4) 망가킷사와 인터넷카페

넷카페 간판

오늘날 일본의 도시지역의 중심부나 역 주변에서 인터넷카페インターネットカフェ를 찾아보기란 그리 어렵지 않다. 사실 이 인터넷카페는 망가킷사マンガ喫茶의 발전형이라 할 수 있다. 망가킷사란 만화를 뜻하는 일본어인 망가マンガ와 찻집을 뜻하는 킷사喫茶가 합쳐진 말로서 다수의 만화를 보유하고 손님들이 일정 금액의 요금을 지불하면 자유롭게 독서할 수 있는 공간을 제공하는 찻집을 가리킨다. 일반적인 찻집이 손님에게 음료수 제공을 주된 목적으로 하고 있는 반면, 망가킷사는 만화나 신문, 잡지 등의 오락거리 제공을 가장 큰 목적으로 하고 음료 등의 서비스 제공은 부수적이다. 1970년대에 나고야의 한 찻집에서 손님들의 무료함을 달래고자 만화책을 제공하였는데 점차 음료가 아닌 만화책을 목적으로 찾아드는 손님들이 늘어나면서 시간제 요금을 도입한 것이 망카킷사의 시초라 한다.

---

24) 전국 가라오케 사업자협회 홈페이지 참조. http://www.karaoke.or.jp/05hakusyo/p1.php

1990년대 중반에 이러한 비즈니스 모델이 큰 성공을 거두면서 전국적으로 망가킷사가 확대되었다. 이후 망가킷사는 만화와 신문, 잡지뿐만 아니라 텔레비전과 비디오 게임 및 DVD 시설까지 갖추면서 종합적인 오락 공간으로 발전한다. 또한 2000년대에 들어서면서 부터는 고속 인터넷 서비스의 전국적인 보급과 컴퓨터의 저가격화에 힘입어 망가킷사에 인터넷 검색과 게임 서비스가 도입되었다. 이 시기부터 인터넷카페 또는 약칭으로 넷토ネット카페라는 명칭이 사용되기 시작하였다. 대도시에서 영업하는 일부 대규모 인터넷카페의 경우 기존의 서비스와 더불어 당구, 탁구, 다트 등의 활동성 높은 시설과 개인실 및 샤워부스까지 갖추고 있어 막차를 놓친 도시민들의 간이 숙박시설로도 활용되고 있다. 최근에는 본래의 취지와는 달리 이러한 값싼 숙박 서비스 이용을 목적으로 일부 홈리스들이 인터넷카페에 장기체류하는 등 사회적으로 이슈화되고 있다. 이용요금은 지역과 서비스 내용에 따라 상이하나 일반적으로 30분에 200~300엔 정도이고 연장요금이 부과되며, 장시간 이용할 경우 할인율이 높아진다. 2014년 현재 일본 전역에 약 2600여 개소의 망가킷사 및 인터넷카페가 운영 중이다.[25)]

25) 일본 전국의 망가킷사 및 인터넷카페 안내 사이트 「넷토카페 나비ネットカフェナビ」에 등록된 점포 수. http://www.cafeman.jp/index.htm

제9장 일본의 정치와 경제

1. 일본 정치의 흐름
2. 일본의 정당과 국회
3. 일본경제의 개요
4. 연공서열 · 종신고용 · 격차사회

I. 일본 정치의 흐름

일본에 정치제도가 처음 출현한 것은 벼농사를 중심으로 한 농경사회가 형성된 야요이시대부터이다. 벼농사를 통한 식량의 축적은 계급사회를 형성시켰으며 이는 또한 집단 내부의 권력층에 의한 지배체제를 탄생시켰다. 이 당시의 일본은 여러 개의 소국으로 분화되어 오랜 기간동안 크고 작은 전란이 일어났으며, 그들 중 몇 나라는 연합체를 형성하여 보다 강력한 정치적 힘을 발휘하고자 하였다. 이 시기의 정치형태는 주로 부족 연합의 우두머리가 정치와 제사를 관장하는 역할을 수행하였으며 대표적인 인물로는 야마타이邪馬台국의 여왕이자 제사장인 히미코卑弥呼를 꼽을 수 있다.

이후 5세기에 들어서자 일본 열도는 야마토ヤマト왕권의 지배하에 들어가게 되었으며 한반도와 중국 등과의 교류를 통해 선진 정치제도를 받아들여 왕을 중심으로 한 강력한 중앙권력체제를 형성하게 되었다. 야마토왕권의 지배자로서의 오오키미大王가 훗날 천황가의 시초로 여겨진다. 왕권강화를 통해 정치적 영향력을 확대해 나가던 야마토왕권은 일부 호족세력과 마찰을 일으키면서도 율령제의 도입 등을 통해 정치체제를 확고히 해갔다.

그러나 헤이안시대 이후 지방분권적인 정치체제가 시행되고, 이를 통해 귀족들의 정치적 발언권이 확대된다. 이 시기 중앙의 대귀족으로서 막강한 정치력을 행사한 후지와라 일족은 그러한 귀족정치의 대표적인 모습이다. 이후 오랜 기간 동안 지속되며 부패한 귀족정치는 왕족과 무사세력의 결탁으로 인해 와해된다. 다이라씨로 대변되는 헤이안

대일본제국헌법 발포식

시대 말기부터 시작된 무사계급에 의한 정치는 이후 가마쿠라, 무로마치, 에도로 이어지는 일본의 3대 막부시대에 걸쳐 지속된다. 조정으로부터 정이대장군征夷大将軍의 관직을 수여받은 무사가문이 지방의 호족 또는 영주세력을 통제하며 정치를 주도하였다.

수 백년 동안 계속된 이러한 막부정치는 사쓰마와 조슈를 비롯한 웅번세력과 조정의 결탁으로 인해 1868년의 메이지유신을 통해 막을 내리게 된다. 막부는 모든 권력을 다시 조정에 돌려주게 되고, 일본은 천황을 정점으로 하는 입헌군주제를 시행한다. 다만 이 시기의 실질적인 정치권력은 사쓰마와 조슈를 중심으로 하는 번벌藩閥세력에게 있었다. 이후 대일본제국헌법이 제정되고 제국의회帝国議会가 개설되는 등 정당정치를 통한 민주적 의사 반영의 길이 열리게 되었다. 그러나 제국주의 정책을 표방하며 주변국들과의 전쟁을 주도하던 일본은 1930년대 후반부터 내부적인 정치적 자유를 억압하며 정당을 해산시키고 대정익찬회大政翼賛会와 같은 조직을 구성하여 민주적인 의사결정 절차를 무시하는 독재정치로 치닫는다.

1945년 8월 태평양전쟁에 패한 일본은 이후 연합국군 최고사령관 총사령부(GHQ)의 통치를 받게 된다. 실질적으로 미군에 의한 통치를 받게 된 일본은 기존의 군국주의적 색채를 탈피하여 새로이 전쟁포기를 선언한 일본국헌법, 이른바 평화헌법을 제정 공포하게 되고, 기존의 전

참의원 본회의장

제군주적인 성격이 강했던 천황의 권력을 말소하여 상징천황제를 시행하기에 이른다. 이후 1952년에 주권이 회복된 일본은 국회, 내각, 재판소로 대표되는 입법, 행정, 사법부를 두고 각 정당 활동을 기반으로 민주적인 절차에 의해 선거를 실시하여 국민의 대표인 국회의원을 선출하며, 행정수반인 수상을 국회에서 선출한다.

2. 일본의 정당과 국회

(1) 일본의 정당

선거 포스터

메이지유신을 통해 근대사회로 접어든 일본은 막번체제를 타파하고 천황에 의한 직접적인 정치체제를 강화해간다. 메이지유신을 주도한 웅번의 실력자들은 신정부의 요직을 차지하며 천황의 절대적인 권력을 배경으로 파벌을 형성하여 정책을 좌우하게 된다. 이후 신정부 내의 파벌싸움에서 밀려난 일부 정치인들과 의회개설을 요구하는 재야 지식인 세력이 결탁하여 자유민권운동이 일어나게 되고, 이 과정 속에서 근대 일본 정당의 기초가 되는 정치결사들이 성립된다. 이들 초기 정치결사들의 활약과 국민들의 지원을 통해 신정부는 마침내 1890년까지 제국의회를 개설할 것을 약속하게 되고, 이를 계기로 일본 정치계에서 정당 결성이 본격화된다.

1881년 이타가키 다이스케板垣退助가 기존의 정치결사인 입지사立志社를 모체로 하는 자유당自由党을 결성하였다. 당시 자유당은 정부 정책에 불만을 갖는 사족士族과 농민층을 규합하여 급진적인 민주주의를 표방하는 성격을 띠고 있었다. 한편 다음해인 1882년에는 후쿠치 겐이치로福地源一郎를 중심으로 보수파 학자들과 지방 관리들이 참가한 보수적이고 국수주의적인 성격을 띠는 입헌제정당立憲帝政党이 결성되었다. 또한 오쿠마 시게노부大隈重信를 중심으로 한 온건 민주주의를 표방하는 입헌개진당立憲改進党도 같은 해에 결성되었다. 그러나 이러한 정당 활동은 얼마가지 않아 내부적인 분열과 외부적인 탄압으로 인해 와해되기에 이른다.

이후 1889년에 제국헌법이 발포되고 다음 해인 1890년에 제국의회가 공식적으로 개설되어 최초의 중의원선거가 치러지게 되면서 본격적인 정당정치가 이루어진다. 자유민권운동의 흐름을 이어 탄생한 초기 정당들은 주로 의회에서 정부정책에 대한 비판적인 태도를 취하였다. 특히 이타가키 다이스케를 중심으로 새로 조직된 입헌자유당과 오쿠마 시게노부를 당수로 하는 진보당의 활약이 두드러졌다. 이들 정당은 1898년 당시 내각이 추진하던 군비확장계획에 반대하며 그 노선을 같이 하였고, 이후 양당 합의에 의해 헌정당憲政党을 출범 시키며 일본 최초의 정당내각을 성립시켰다. 이에 자극을 받은 이토 히로부미伊藤博文는 정당정치의 필요성을 깨닫고 신당 창당을 결심, 자신의 심복들을 끌어 모아 1900년에 입헌정우회立憲政友会를 설립하여 초대 총재에 취임한다. 이후 입헌정우회는 러일전쟁기부터 다이쇼시대 초기에 걸쳐 정부 여당으로서 활약하게 된다.

한편 자본주의와 산업화의 발달로 노동자들의 근로환경 및 처우개선에 관심이 높아지면서 1906년에는 이를 대변하는 일본사회당이 결성된다. 이들은 전국의 노동자계급을 규합하여 대규모 노동쟁의를 일으키게 되고 이에 대해 정부는 대대적인 탄압을 통해 사회주의 정당 활동에 적극적인 차단을 가한다.

다이쇼시대에 접어들어 일반 국민들의 민주주의에 대한 관심의 고조와 보통선거에 대한 기대감으로 정당정치는 더욱 활력을 얻게 되고, 메이지유신 이후 지속된 웅번세력을 중심으로 하는 귀족적 파벌정치는 새로 등장한 정당 정치인들의 활동에 의해 그 힘을 잃어 갔다. 그러나 쇼와시대에 들어서면서 국제정세의 변화와 경제불황에 대한 미흡한 대처로 정당정치에 대한 국민들의 불만이 쌓이기 시작하였고, 군부와의 대립으로 인해 입헌민정당立憲民政党 출신의 수상 하마구치 오사치浜口雄幸가 암살당하는 사건까지 발생하게 된다. 이후 경제불황과 이에 따른 국내의 사회불안을 해소하기 위해 일본 군부는 적극적인 해외침략을 계획하게 되고 이를 반대하던 정당 정치 세력은 연이은 테러와 쿠데타 미수 사건에 휘말리며 그 힘을 잃어가게 된다. 결국 1940년에 이르러 군부중심의 파시즘적인 국가체제의 확립을 위해 기존의 정당을 모두 해산하고 일당 독재체제의 성격을 띠는 대정익찬회大政翼賛会가 성립된다.

1945년 일본은 패전과 더불어 미군정 하에서 다시 정당정치 부활의 계기를 맞이한다. 전후 새로운 선거법에 기초해서 치러진 총선거에서 요시다 시게루吉田茂가 이끄는 보수 노선의 자유당自由党이 제1당이 되었으며 사회주의 세력이 결집하여 만든 일본사회당日本社会党 등이 그 뒤를 이었다. 이후 1950년대 중반에 공직추방에서 복귀한 하토야마 이치로鳩山一郎가 양대 보수 정당인 일본민주당과 자유당을 결집하여 보수연합을 성공시키게 되고, 이렇게 탄생된 정당이 오늘날 일본을 대표하는 보수 우익정당인 자유민주당自由民主党 즉 자민당이다. 이렇듯 1955년경부터 자민당과 사회당의 세력균형이 이루어져 각종 정책에서 서로 대립각을 세우며 맞붙게 된다. 이를 가리켜 소위 55년체제라 칭한다. 보혁保革대결의 산물인 55년체제는 이후 1960년대의 안보투쟁과 1970년대의 경제성장이라는 사회적 배경 속에서 단지 그 외형만을 유지하게 되었다. 이후 1993년 총선에서 새로운 군소정당들이 연합하여 내각을 구성함으로써 자민당 정권은 33년만에 집권여당의 자리를 넘겨

주게 된다. 다만 장기불황에 따른 국민들의 심리적인 불안요소가 확대되면서 거대정당에 대한 요구가 힘을 얻게 되고 공명당公明党과의 연립내각을 구성하여 자민당은 재집권에 성공하게 된다. 2000년대 중반이후 일본 정계는 보수 우익 성향의 자민당과 개혁 중도 성향의 민주당이 양대 정당체제를 형성하고 있는 상황이다.

(2) 일본의 국회의원과 선거

일본 국회의사당

메이지유신 이후 전제정치를 타파하고 민의를 국가 운영에 반영하고자 하는 운동이 활발히 전개되면서, 결국 1889년 2월 대일본제국헌법 발포와 더불어 입법기관으로써의 제국의회가 개설되었다. 제국의회는 민선의원으로 구성되는 중의원衆議院과 특정 신분이나 자격을 얻은 의원들로 조직되는 귀족원貴族院의 양원両院 체제를 갖추고 있었다. 1890년 7월 제1회 중의원의원衆議院議員 총선거가 실시되었고 총 300석 가운데 입헌자유당立憲自由党이 130석, 입헌개진당立憲改進党이 41석을 차지하여 자유민권운동을 추진하던 세력의 정계진출이 두드러졌다. 1928년 2월에는 제16회 중의원의원 총선거가 치러졌는데 보통선거법의 성립으로 기존의 납세액을 통한 제한선거와는 달리 25세 이상의 남성이면 누구나 투표가 가능한 보통선거가 처음으로 실시되었다.

패전 이후 1946년 11월에 새로운 헌법인 일본국헌법이 공포되면서 중의원과 참의원参議院으로 구성된 오늘날과 같은 일본 국회의 모습이 갖추어진다. 그리고 1947년 4월에 실시된 제23회 중의원의원 총선거에서는 총 466석 가운데 일본사회당이 143석, 일본자유당이 131석, 민주당이 124석을 차지하여 사회주의 계열 정당의 약진과 더불어 보수주의 정당 또한 여전히 그 세력이 건재함을 과시하였다.

오늘날 일본 중의원의 의원정수는 480명으로 기본 4년의 임기를 갖게 되나 만약 임기 내에 의회가 해산할 경우에는 중도에 자격이 상실된다. 한편 참의원의 경우에는 의원정수가 242명으로 기본 임기는 6년이나 매 3년마다 선거를 통해 정수의 반을 선출하고 중의원과는 달리 해산을 통한 자격상실은 없다. 중의원 선거는 일반적으로 임기만료에 따라 실시되는 경우는 극히 드물고, 임기 도중 해산에 의한 선거가 대부분이며 이때 실시되는 선거는 해산일로부터 40일 이내에 시행되도록 규정되어 있다. 또한 일반적으로 「총선거」란 명칭은 중의원 선거에 사용되고, 도중 해산 없이 일정 기간이 지나면 자동적으로 시행되는 참의원 선거의 경우 「통상선거」라는 명칭을 사용한다. 중의원선거의 투표방식은 소선거구 선출의원 및 비례대표 선출의원 각각 1명에게 투표하도록 되어 있으며, 이때 유권자는 소선거구 후보자의 경우 성명을, 비례대표의 경우 정당명을 투표용지에 직접 기입하여 투표한다. 또한 1970년 이후 일본의 선거일은 일반적으로 일요일로 정해져 있으며, 시간은 오전 7시부터 오후 8시까지이다.

2012년 12월 16일에 실시된 제46회 중의원의원 총선거 결과 전체 480석 중 자민당 294석, 민주당 57석, 일본유신모임日本維新の会 54석, 공명당 31석, 모두의 당みんなの党 18석, 일본공산당 8석 등을 차지하였다. 또한 2013년 7월 21일에 실시된 제23회 참의원의원 통상선거 결과 전체 242석 중 자민당 115석, 민주당 59석, 공명당 20석, 모두의 당 18석, 일본공산당 11석, 일본유신모임 9석 등을 차지하였다.

3. 일본경제의 개요

일본은행

제2차 세계대전 패전 당시, 일본 도심부의 주거건물과 산업시설은 대부분 잿더미가 되어 있었고, 일본 국민들은 식량을 확보하기도 어려운 상황이었다. 그러나 구소련과의 냉전 대립 속에서 미국은 공산주의의 확대를 막기 위한 아시아의 전략 거점으로써 일본의 안정된 정치와 경제적 회복을 필요로 하게 되었다. 미국의 지원 하에 일본은 철과 석탄 생산을 중심으로 한 경제정책과 한국전쟁 발발에 의한 특수경기 등을 계기로 급속한 경제부흥을 이루었다.

이와 같은 일본의 경제부흥은 1973년의 오일쇼크 이전까지 평균 경제성장률 10%에 이르는 고도성장기로 이어졌다. 서방 기술의 적극적인 도입과 양질의 저임금 노동력을 이용하여 수입한 자원과 원재료로 제품을 만든 뒤 이를 다시 수출하는 형태의 가공무역이 성장정책의 중심이 되었다.

오일쇼크 후의 인플레이션과 불황을 이겨낸 일본경제는 고도성장기를 지나 안정성장기에 돌입하게 된다. 일본제품의 품질향상으로 인해 세계시장에서 저품질 · 저가격의 이미지에서 고품질 · 고가격의 이미지를 구축하기 시작한 것도 이 시기의 일이다.

1980년대에는 자동차와 가전 등 하이테크산업을 중심으로 북 · 남미와 유럽으로의 수출이 급격하게 늘어났다. 특히 일방적인 자동차 수출로 인해 미국과의 사이에 경제마찰이 격화되었으나, 1985년의 플라자합의[26] 이후로 상황이 급변하여 엔고円高불황에 처하게 된다. 이로 인해 수출산업이 큰 타격을 받아 도산하는 중소기업이 속출하였다. 일본정부는 엔고불황을 극복하기 위해 저금리정책을 실시하였다. 저금리정책의 결과, 유동성과잉이 발생하여 부동산가격과 주가가 급속도로 상승하였다. 1980년대 후반에는 도쿄 도심부의 토지가격으로 미국의 전 국토를 매입할 수 있다는 계산결과가 나올 정도로 일본의 토지가격은 상승하였고, 닛케이 평균주가는 1989년 12월을 정점으로 38,915엔을 기록하는 등 자산가격의 버블화가 가속되었다. 버블경기와 엔고에도 불구하고 지속된 무역수지 흑자로 인해 일본은 세계 제2위의 경제대국에 군림하게 되었다. 그러나 실물경제의 상승을 훨씬 초과하는 자산가격의 상승세였기 때문에 버블경제의 붕괴는 예견된 결말이었다.

1990년대에 들어 대부분의 기업은 냉전 종료 후의 글로벌 경제체제의 흐름에 적응하지 못하고 종래의 경영방식을 고집하였다. 특히 금융기관들은 불량채권의 처리를 위해 융자 금리를 연달아 인상하였고, 그로 인해 영세한 중소기업은 물론 대기업의 도산도 연이었다. 1997년에는 닛산생명日産生命, 야마이치증권山一証券, 홋카이도 탁식은행北海道拓殖銀行이, 1998년에는 니혼장기신용은행日本長期信用銀行, 니혼채권신용은행日本債券信用銀行 등의 금융기관이 무너지면서 대형 금융기관들의

---

26) 1985년 9월 뉴욕의 플라자 호텔에서 개최된 G5 (미국, 영국, 일본, 프랑스, 서독의 재무장관 및 중앙은행총재 회의)에서 발표된 합의로, 외환시장의 개입으로 인하여 발생한 달러화 강세를 시정하기로 결의함.

합병과 통합도 진행되었다. 이 시기를 「잃어버린 10년」이라 부른다. 1990년대 후반에는 디플레이션이 발생하면서 이를 극복하는 것이 중요한 경제과제가 되었다.

2000년대에 들어 공적자금의 투입에 의해 금융기관의 불량채권 처리가 진행되었고, 민간기업의 과도한 설비와 고용 및 부채가 해소되었다. 또한 중국의 경제발전에 의해서 무역상대국 1위가 미국에서 중국으로 바뀌었다. 중국을 비롯한 아시아 지역의 경제발전에 따라 수출이 증가하여 일본은 디플레이션에서 벗어나 경기를 회복하였고 대기업들의 실적도 큰 폭으로 향상되었다. 그러나 노동자들에게는 경기회복과는 관계없이 급여가 감소하는 경향이 나타났다. 종래의 노사관계가 재고되어 종신고용제도가 붕괴되었고, 계약사원과 파견사원이 증가하여 노동시장의 유동화가 진행되었다. 2008년 미국의 리먼쇼크 여파로 재차 불경기에 돌입하였다. 수출의존도가 높은 일본경제의 체질적 문제, 기업의 해외이전, 소자고령화少子高齢化 등에 의한 내수 축소 등의 요인들로 인해 앞으로도 일본경제가 쇠퇴할 것이라는 비관론이 속출하고 있다. 2010년에는 일본의 국내총생산이 중국에 밀려 세계 3위로 후퇴하였다.

4. 연공서열 · 종신고용 · 격차사회

(1) 연공서열年功序列과 종신고용終身雇用

종래 일본기업의 가족주의적 고용형태를 대표하는 키워드로 연공서열과 종신고용이 있다. 연공서열이란 기업, 관공서 등에서 근속연수, 연령에 따라 직위와 급여를 올리는 인사제도를 가리킨다. 이러한 제도는 근속연수가 늘어감에 따라 노동자의 기술이나 능력이 축적되어 최종적으로는 기업 성적으로 반영된다고 하는 사고방식에 기초하고 있다. 결과적으로 경험이 풍부한 사원이 관리직에 배치되는 비율이 증가한다.

근속연수에 따라 임금이 결정되기 때문에 업무평가 등의 인사관리를 간편화할 수 있고, 회사에 대한 충성도를 높일 수 있으며, 사원들의 특수한 기술을 요하는 기업의 경우 교육 투자의 효과를 최대화할 수 있다는 장점들이 있다.

그러나 특별한 이유가 없는 한 승진이 보장되기 때문에, 리스크를 감수하면서 새로운 일에 도전하고자 하는 사원들의 동기부여를 감소시키는 요인이 되기도 한다. 또한 젊은 사원들에게 박봉을 강요하고 실무의 성과와 인사평가 사이의 괴리가 커지기 때문에 타 기업으로의 인재유출의 원인이 되기도 한다.

종신고용이란 정사원으로 채용될 경우 정년까지 고용을 보장받는 일본 기업의 관행을 지칭한다. 종신고용은 연공서열과 함께 장기적으로 지속된 일본의 고도성장기, 버블경기 속에서 일본의 기업이 안정적인 노동력 확보를 위해 도입한 관행이다. 고용의 보장과 함께 보너스와 수당, 사택, 휴양 및 교육시설 등의 다양한 복리후생제도가 제공되었다. 그러나 버블경제 붕괴와 더불어 1990년대부터 장기적인 불황이 시작되면서 기업들이 인건비 압박과 과잉고용에 직면하게 되어, 이러한 고용형태의 해체가 중요한 경영과제로 남게 되었다. 2000년대에 들어서 기업들의 대대적인 정리해고가 시작되면서 계약사원, 파견사원 등의 비정규 노동자의 채용비율이 급격히 증가하여, 종신고용과 연공서열제도는 서서히 붕괴되어가고 있는 추세이다.

(2) 격차사회格差社会

일본의 고도성장기와 안정성장기에는 일본사회가 전반적으로 평등하다고 하는 「일억총중류一億総中流 (모든 국민이 중류층)」라는 말이 회자되었고 소득 면에서도 부익부 빈익빈이 문제가 되는 일은 없었다. 버블경제 시기에는 주로 주가와 부동산 가격의 상승으로 자산면의 격차가 확대되어 개인의 노력과는 관계없는 빈부의 차가 문제시 되기도 하였다. 그러나 버블경제 붕괴 이후의 자산 디플레이션과 함께 이러한 자산 면에서의 격차는 축소되었다.

1997년을 기점으로 정사원의 감축과 서비스업, 제조업에서의 비정규 노동자로의 고용전환 등 기업들의 대대적인 구조조정이 시작되었다. 이로 인해 젊은 세대의 취업난이 가속되어, 안정된 직장을 구하지 못하고 아르바이트로 생계를 유지하는 후리타フリーター나 열심히 일을 하면서도 빈곤에서 벗어나지 못하는 워킹푸어working poor의 존재가 매스컴의 주목을 받게 되었다. 한편 정사원 계층과 IT사업 등 새로운 부유층에 의한 호화로운 소비문화가 보도됨에 따라 일본에서의 격차사회, 격차확대의 문제가 대두되게 되었다.

후생노동성의 조사에 의하면 소득분배의 불평등을 판별하는 지니계수(0에 가까울수록 소득격차가 적고, 1에 가까울수록 소득격차가 큰 상태)가 1980년에 0.349에서 1992년에 0.439로 상승하였다. 이는 일본사회가 미국과 비슷한 불평등상태가 되었음을 나타내고 있으며, 일본의 중류신화가 이미 붕괴했음을 말해준다.

현 40세의 화이트칼라 관리직 남성의 경우, 그의 부친도 40세 시점에서 화이트칼라의 관리직이었던 비율이 점차 증가하는 것으로 나타나 사회계층의 대물림도 가속되고 있음을 보여주고 있다.

[참고]

후리타 : 일본에서 정사원 이외의 취업형태로 생계를 유지하는 학생을 제외한 15세 이상 35세 이하의 사람들을 말한다. 파견사원, 비정규직 노동자라는 분류도 가능하나 주로 아르바이트로 생계를 유지하는 사람을 지칭한다. 영어의 free와 독일어 arbeiter(노동자)를 합성하여 만든 일본식 조어이다.

일본의 버블경제기에 편의점 등 체인점의 발달과 건설 붐으로 그때까지 소수에 불과했던 아르바이트 구인이 급격히 늘어났다. 또한 공전의 호경기로 인해 고수입의 아르바이트도 증가하였다. 이로 인해 원하는 직업이 생길 때까지 아르바이트로 생계를 유지하는 젊은 층이 증가한 것이 후리타가 증가한 원인이 되었다. 버블경제 붕괴 이후 아르바이트의 급료가 급격히 낮아지고, 기업의 정사원 채용이 줄어들었다. 따라서 버블경제기에는 스스로 후리타가 되는 경우가 대부분이었지만, 버블경제 붕괴 후에는 어쩔 수 없이 후리타가 되는 경우가 대부분이다. 후리타에 대한 기업, 사회의 편견으로 인해 한번 후리타가 될 경우 정사원으로 재취업이 어려우며 이는 후리타의 고령화를 가속시키는 원인이 되고 있다. 후리타 인구는 1991년 버블기에는 약 62만명이었으나,

이후 급증하여 2003년에는 217만명에 달했다. 2009년에는 178만명으로 완만하게 감소하는 경향을 보였다. 후리타의 증가는 소자화, 양육포기율의 증가 등, 다른 사회문제로 확대되는 원인이 되기도 한다.

니트(ニート, Not in Education, Employment or Training, NEET):

교육, 노동, 직업훈련 등에 참가하지 않는 15~35세까지의 젊은 층 무직자를 말한다. 2010년 후생성 통계에 따르면 약 100만명이 니트로 분류되고 있다. 니트는 구직 의욕이 없는 은둔형 폐인(히키코모리引き籠り)과 다수 중복된다. 2010년 통계에 따르면 히키코모리 약 70만명 중 구직 희망자는 30만명으로 나타났다. 건강, 질병 등의 이유나 부모의 간병 등의 이유를 드는 사람은 30%정도를 차지한다.

제10장 일본의 교육과 사회문제

1. 일본의 교육제도
2. 학력사회의 문제
3. 소자화와 고령화
4. 만혼화와 데키짯다결혼

I. 일본의 교육제도

현행 일본 교육제도는 1947년에 미국의 교육제도를 참고로 메이지 시대의 학제学制를 대폭 수정한 「교육기본법」과 「학교교육법」이 제정되면서 시작되었다. 유치원에서 대학에 이르기까지 남녀 공학제이며, 소학교 6년, 중학교 3년, 고등학교 3년, 대학 4년(단기대학은 2년)의 6 · 3 · 3 · 4제를 채택하고 있다.

일본의 아동은 만 6살이 되면 소학교에 입학한다. 일본 신학기는 4월에 시작되며 다음 해 3월에 한 학년이 종료된다. 일반적으로 3학기제가 채택되고 있으며 1학기는 4월~7월까지, 2학기는 9월~12월까지이며, 3학기는 1월~3월까지이다.

소학생

대부분의 소학교가 국 · 공립학교이지만, 오랜 역사와 전통을 갖고 있는 사립학교도 있다. 일본은 중학교까지 의무교육을 실시하고 있으며, 사립중학교를 제외한 국 · 공립학교의 경우는 입학시험 없이 진학할 수 있다. 고등학교는 의무교육이 아니기 때문에 중학교 졸업자의 대부분은 입학시험을 거쳐 고등학교에 진학한다.

사립학교 중에는 중학교와 고등학교를 통합한 중고일관교中高一貫校,

소학교와 중학교를 통합한 소중일관교小中一貫校 등(유치원부터 통합된 일관교도 있다)이 있다. 일관교에 입학하면 입학시험을 거치지 않고 상급학교로 진학할 수 있기 때문에 경쟁이 치열하다. 최근에는 국 · 공립의 일관교도 증가하는 추세이다.

이외에도 중학교 졸업자를 대상으로 공업과 상선商船 등의 특화된 직업훈련을 실시하는 5년제의 고등전문학교高等專門学校(보통 「고센高專」으로 불린다)가 있다.

2013년 현재 일본의 국립대학교는 86개교이다.[27] 이 중 1877년에 설립된 도쿄대학이 가장 오래되었고, 이와 함께 교토대학, 도호쿠東北대학, 규슈대학, 홋카이도대학, 오사카대학, 나고야대학의 7개 대학은 구 학제 하에서 제국대학(서울대학교도 일제 당시 경성제국대학으로 설립되었다)으로 불리던 국립대학의 후신이다. 이 외에도 쓰쿠바筑波대학, 히토쓰바시一橋대학, 오차노미즈お茶の水여자대학, 도쿄외국어대학 등의 유명 국립대학이 있다.

도쿄대학

공립대학은 83개교, 사립대학은 570여개교가 있다. 유명 사립대학으로는 게이오慶応대학, 와세다早稲田대학, 조치上智대학, 도쿄이과東京理科대학, 국제기독교대학(ICU), 황실 가족들이 주로 입학하는 가쿠슈인学習院대학 등이 있다. 이 외에 단기대학은 국 · 공립 사립을 모두 합해 470여개교에 이른다.

일본의 대학에 입학하기 위해서는 1990년부터 대학공통 1차 시험을 대신해서 실시된 대학입시 센터시험(National Center Test for

---

27) 일본 문부성 홈페이지(http://www.mext.go.jp/b_menu/link/daigaku1.htm)

University Admissions)에 응시하는 것이 일반적이다. 이것을 줄여서 센터시험이라고 하는데, 국어, 사회, 수학, 이과, 외국어 능력을 측정한다. 지원자의 입학은 센터시험 성적과 대학에서 독자적으로 실시하는 입학시험의 결과로 결정된다.

2. 학력사회의 문제

취학 전의 교육기관으로는 전업주부의 만 3~5세 자녀를 대상으로 하는 유치원과 취업주부의 만 0~5세의 아이들을 맡고 있는 보육원이 있다. 일본에는 국 · 공립 및 사립유치원과 보육원이 있다. 근래에는 유치원에서 이미 소학교 2, 3학년 정도 수준의 영재교육을 실시하는 사립 유치원도 성행하고 있으며, 이들 유치원은 입학 경쟁도 치열하다.

일본은 입시경쟁이 치열한 학력중심의 사회이다. 고도성장기에 기업들은 학교제도를 통해 신입사원을 채용하는 경향이 현저했다. 이 시기부터 대기업 등 안정된 직장에 취업하기 위해서는 반드시 명문 대학에 입학해야 한다는 고정관념이 생겼다.

입시를 위한 사교육은 재학생을 대상으로 하는 주쿠塾와 재수생을 중심으로 하는 요비코予備校 등 사립학원에서 이루어지며, 이외에도 대학생 가정교사를 채용하는 경우도 많다. 이들 사립학원 이외에도 예능, 음악, 스포츠, 주산과 같은 학교의 정규 커리큘럼에 없는 교과과목을 가르치는 학원은 보통 ○○교실이라는 명칭으로 불린다. 주쿠의 경우 이러한 ○○교실에서 출발한 경우도 있으나 현재 대부분의 주쿠는 전국규모의 체인조직을 갖추고 있는 곳이 많다.

전후 일본의 학제개혁에도 불구하고, 일본의 교육제도는 종래의 관리교육체재를 답습하는 경향이 현저하였다. 관리교육이란 학교가 일방적으로 학생 본연의 모습을 스테레오타입화하여 그에 따르게 하는 교육방식으로, 체벌의 인정, 지각 · 결석 등의 엄격한 처벌, 두발 · 복장의 관리, 군대식 조례와 체육교육, 강제자율학습 등을 그 특징으로 한다. 이러한 교육방식은 일제 당시 식민지 조선에서도 채택되어 해방 이후 한국의 교육제도에도 많은 영향을 끼쳤다.

전후 일본의 자유로운 사회 풍조와 기존의 관리교육을 답습하는 모순된 환경 속에서 1970년대 후반부터 교내폭력 문제가 사회적인 이슈가 되었다. 양키ヤンキー라고 불리는 불량학생과 폭주족 등이 다수의 중학교와 일부의 고등학교에서 유행하였다. 학교 당국은 더욱 엄격한 관리교육으로 교내폭력 문제를 해결하려 하였다. 그러나 근본적인 교육체질의 변화를 수반하지 않는 이러한 문제해결 방식은 1980년대에 들어 이지메와 등교거부 등의 학교문제를 야기하게 되었다. 또한 1990년대에 들어서는 학생이 교사의 통제에 전혀 따르지 않는 학급붕괴 현상이 발생했다.

이러한 학교문제 해결을 위해 1980년대부터 학습지도요령을 「유토리교육ゆとり教育」이라 불리는 교육개혁안으로 수정하여, 2000년대 초반부터 본격적으로 시행하였다. 유토리교육이란 종래의 지식중시형의 주입식 교육방식에서 탈피하여 학습시간과 학습내용을 줄여 경험중시형의 교육방침을 지향하는 교육을 말한다. 그 구체적인 내용은 주 5일 수업, 종래의 중학교 학습내용을 고등학교에서 교육하는 등, 난이도의 하향화를 골자로 하며, 일부 중학교에서는 원주율 3.14를 3으로 가르치는 등, 현저한 학습의 질 저하를 야기하기도 하였다.

이러한 유토리교육의 부작용으로 2000년대에 들어, 대학생의 학력 저하가 사회문제로 등장했다. 이에 2008년 아베내각부터는 학력저하를 막기 위해 중학교를 중심으로 탈유토리교육으로 전환하게 되었다. 그러나 이지메, 등교거부, 교내폭력, 학급붕괴 등의 문제는 여전히 해결되지 않은 채 숙제로 남아 있다.

3. 소자화와 고령화

출생률이 지속적으로 감소하여 아동의 수가 적어지는 저출산 현상을 일본에서는 소자화少子化라고 부른다.

일본의 출생률 저하는 일본의 패전 이전부터 시작되었으나, 전시의 일시적인 출산 연기 현상으로 인해 종전 직후인 1940년 후반부터 베이비붐이 일어나 출생 인구는 연간 약 270만명에 달하게 되었다. 그러나 1950년대부터 희망자녀수의 감소, 임신중절수술의 보급을 계기로 1961년에는 출생수가 159만명으로 감소하였다.

그 후 일본의 고도성장을 배경으로 출생수가 회복하여 1960년대부터 1970년대 전반에 걸쳐 출생률(여성 1인이 일생동안 낳는 평균자녀수)이 2.13 (단위: 명)전후에서 안정되었다. 그러나 제1차 오일쇼크 후인 1975년에는 출생률이 2를 밑돌게 되었고 출생수는 200만명 이하가 되었다. 이후 인구 순환수준은 회복되지 않고 소자화 상태를 지속하게 되었다. 그 후 출생률이 더욱 감소하는 경향을 보여, 1987년에는 연간 출생수가 약 135만명이 되었다. 1989년에는 출생률 1.57로 전후 최저를 기록하여 소자화 현상이 「1.57쇼크」라 불리는 사회문제로 대두되었다. 그 후에도 출생률은 계속 감소되어, 2005년에는 출생수 약 106만명, 출생률은 1.26으로 1947년 이후 통계사상 최저에 달하였고, 총인구가 마침내 감소하기 시작하였다.[28]

고령화 사회란 의료의 발달 등으로 인해 국민의 평균수명이 늘어난

사회로, 구체적으로는 총인구에서 차지하는 65세 이상의 노년인구가 증대하는 사회를 말한다. 선진국에서 흔히 볼 수 있는 인구분포이며 일본에서는 연금제도, 의료보험 등 사회문제의 주요 원인 중 하나이다.

고령화와 소자화는 반드시 동시에 진행되는 것은 아니지만, 연금, 복지, 재정 면에서는 양자가 동시 진행될 경우 여러 가지 사회문제가 발생하기 때문에 소자고령화라는 용어로 동시에 거론되는 경우가 많다. 즉, 노년층의 증가로 사회복지비용이 급격히 늘어나는 데 반해, 그 비용을 감당해야 하는 노동인구는 감소하여, 1명의 젊은이가 다수의 노인을 부양해야하는 현상을 초래하기 때문이다.

소자고령화로 인한 사회문제를 해결하기 위해 일본정부는 2000년을 전후로 많은 대책을 강구하고 있다. 예를 들면, 의료보험개정을 통해 젊은 층의 의료보험 부담을 경감시키는 방법, 여성과 고령자의 취업률 개선으로 노동력을 보충하는 방법, 연금제도 개정 등의 방법을 내놓고 있으나, 소자고령화 문제에 대한 근본적인 해결책은 출산율 감소를 막는 것 이외에는 없다고 할 수 있다.

---

28) 「2009년 인구동태 통계와 개황」 일본 후생노동성.
한국의 경우 2001년에 출생률 1.30을 기록한 이후, 2003년 1.18, 2005년 1.08, 2007년 1.25, 2009년 1.15, 2011년 1.24(문화일보 2009.11.18.), 2013년 1.18(서울신문 2014.2.12.)로 나타나, 일본보다 심각한 저출산 현상이 지속되고 있다.

4. 만혼화와 데키짯다결혼

소자화 현상의 가장 큰 요인으로 지적되는 것이 바로 만혼화晩婚化 현상이다. 만혼화란 평균 초혼연령이 이전과 비교하여 높아지는 현상을 말하며, 선진국이나 개발도상국에 관계없이 전 세계적으로 나타나는 현상이다.

여성의 고령출산은 여러 가지 리스크를 수반하게 한다. 따라서 초혼연령이 늦어지면 신체적으로 출산 가능한 기간이 감소하게 되어 결국 소자화로 연결되는 것이다. 일본은 민법상으로 결혼 가능연령을 남성 만 18세, 여성 16세로 정하고 있다. 그러나 고등학교 진학률이 90%를 상회하고 있기 때문에 현실적으로 18세 전후에 결혼하는 경우는 매우 드물다.

2000년대 이후 일본 여성의 평균 초혼연령은 20대 후반에 달하고 있고, 남성의 경우는 여성보다 1년 이상 높다. 2008년의 조사결과, 남성의 평균 초혼연령은 30.2세, 여성은 28.5세였다. 1970년에 남성 26.9세, 여성 24.2세였던 조사결과에 비해 상대적으로 여성의 초혼연령 상승이 더욱 현저하다.

만혼화의 원인으로는 결혼에 대한 사회의식의 변화(개인주의 등), 고학력화로 인한 초혼연령의 상승, 여성 취업률의 증가, 경제적인 불경기 등의 요인이 지적되고 있다. 특히 경제적인 요인은 정규직에 근무하는 남성의 결혼률이 비정규직 남성에 비해 2배에 달하고 있어, 여성이 남

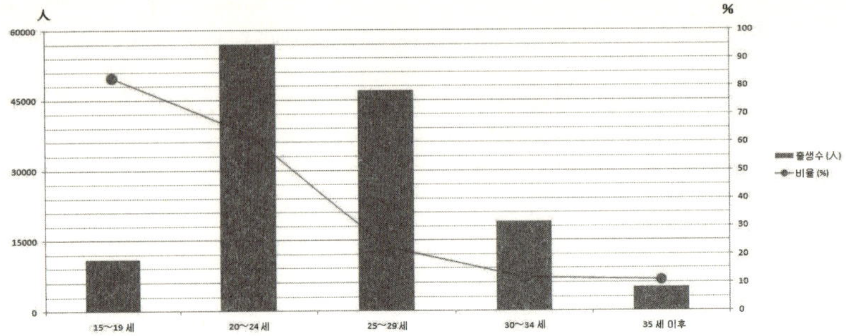

연대별 결혼기간이 임신기간 보다 짧은 출생경향

성에게 경제적으로 의존하려는 경향이 남아있다는 것을 알 수 있다.

만혼화와는 대조적으로 10대 후반의 어린 남녀가 혼전임신으로 인해 결혼하는 사례도 늘어나 사회 이슈화되고 있다. 이를 일본어로 데키짯다できちゃった(아이가 생겼다)결혼이라고 한다. 혼전임신 결혼의 증가는 엄밀하게는 결혼 연령대와는 관계없는 현상이다. 1990년 후반부터 여러 가지 복합적 원인으로 인해 혼전임신결혼에 대한 언론 보도가 급증하자 점차 그 실태가 사회적으로 인지되면서 「데키짯다결혼」이라는 용어가 사용되기까지 이르렀다. 특히 유명 연예인들의 혼전임신결혼 증가와 함께, 「데키짯다결혼」이 유행어가 되면서 동명의 드라마까지 나오게 된 것이 젊은 층들의 혼전임신결혼에 대한 사회적 반감을 줄이는 데에 큰 영향을 미쳤다.

일본 후생노동성의 자료에 의하면 일본의 혼전임신율은 1980년에 10.6%였던 것에 비해 2004년에는 26.7%로 약 20년간 두 배 가까이 증가하였다. 또한 연령별 혼전임신 증가율은 2004년에 15~19세는 82.9%, 20~24세는 63.3%, 25~29세는 22.9%, 30세 이상은 약 10%로 나이가 어릴수록 혼전임신 결혼의 경향이 큰 것으로 나타났다.[29]

---

29) 『2005년도 인구동태통계 특수보고』 일본 후생노동성.
위 도표에서 점으로 연결된 선은 각 연령별 출생수 중 데키짯다결혼에 의한 출생이 차지하는 비율이다.

혼전임신 결혼이 가속화되는 만혼화 현상을 일정 부분 경감시키는 순기능이 있으나, 수입이 불안정한 젊은 세대의 결혼으로 사회계층의 고정화 및 세습화를 가속화하는 부정적 측면도 존재한다. 또한 이러한 우려를 반영하듯이, 원하지 않는 임신과 결혼이 결국 아동학대까지 발전한 사례도 다수 보도되고 있다.

배우자의 경제적 조건에 대한 요구가 소자화를 심화시키고 있는 것과는 대조적으로, 경제적으로 불안정한 커플의 혼전임신결혼으로 아이가 빈곤을 물려받아 사회계층의 고정화 및 세습화가 더욱 가속되고 있다.

[참고]

3高, 3K, 3C

3高: 고학력, 고수입, 고신장을 뜻하는 용어로 일본의 버블경제 붕괴 이전의 이상적인 배우자의 조건이다.

3K: ①가치관 ②금전감각 ③고용형태의 안정

3C: Compotable(쾌적함) → 독신시절의 생활수준을 유지하면서 아이를 키울 수 있을 만큼의 경제적인 여유, 일반적으로 연수입 700만엔 정도

Communicative(상호이해) → 계층이 동등하거나 조금 위, 가치관이나 라이프스타일이 같을 것

Cooperative(협조적일 것) → 가사를 나서서 도와주는 것

제11장 일본의 문학

1. 일본문학의 뿌리
2. 고전문학의 발달
3. 일본의 근 · 현대문학
4. 일본의 문학상과 재일동포문학

Ⅰ. 일본문학의 뿌리

(1) 일본의 신화

덴무천황

오노야스마로

예전부터 일본 각지에는 이즈모出雲 신화를 비롯하여 다양한 신화와 전승이 독립적으로 존재하고 있었다. 8세기 초부터 국호를 일본으로 자칭하고 당대의 실권자인 천황가의 왕권을 대내외적으로 확고히 하기 위해 각 지방에 전해지던 신화를 통합하여, 천황가의 계보와 연결되는 이야기로써 재구성하여 기술하게 된다. 이때 탄생된 것이 일본의 역사서이자 고전문학인 『고지키古事記』(712)와 『니혼쇼키日本書紀』(720)이다. 『고지키』는 덴무天武천황의 명으로 히에다노 아레稗田阿礼가 암송한 것을 오노 야스마로太安万侶가 기록하여 712년에 성립되었다. 상 · 중 · 하 3권으로 구성되어 있으며 주로 일본의 고대 신화와 전설 및 천황가의 계보와 전승을 다루고 있다. 한편 『니혼쇼키』는 720년에 도네리신노舎人親王가 중심이 되어 편찬한 역사서로

부록을 합쳐 전31권으로 구성된다. 서술 방식은 사건을 연대 순으로 기술한 편년체를 사용하고 있으며 『고지키』와 마찬가지로 황족의 계보와 사건을 중심으로 서술하고 있다. 『고지키』가 구승되던 신화를 있는 그대로 기술하려고 노력한 반면, 『니혼쇼키』는 중국의 사서를 모방하여 천황가의 입장에 유리하게 의도적으로 내용을 취사선택하여 쓰인 역사서라는 차이가 있다.

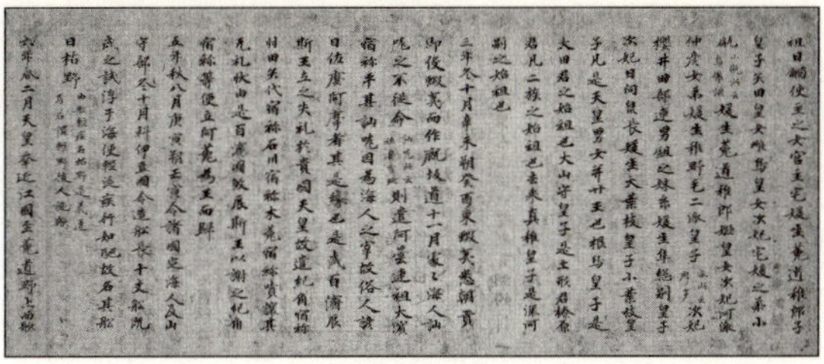

니혼쇼키

『고지키』와 『니혼쇼키』에 기록된 일본신화 중 대표적인 이야기를 소개하면 다음과 같다.

① 천지개벽天地開闢과 일본열도 · 가미神의 탄생国産み神産み

일본신화 속에는 크게 세 가지의 세계가 존재한다. 천상세계를 의미하는 「다카마가하라高天原」, 지상세계를 의미하는 「아시하라노나카쓰쿠니葦原中国」, 그리고 지하세계를 의미하는 「네노쿠니根の国」가 그것이다.

태초에 다카마가하라高天原에서 수많은 신들이 탄생하는데 이들 중 가장 마지막에 탄생한 것이 남매 신인 「이자나기伊邪那岐」와 「이자나미伊邪那美」이다. 이 두 남매신은 혼돈 속에서 표류하는 대지를 완성하도록 명을 받아 아시하라노나카쓰쿠니에 내려와 부부관계를 맺고 여러 섬들을 낳는데 이것이 바로 일본열도이다. 일본열도가 완성된 이후 이자나기와 이자나미는 여러 종류의 신들을 낳기 시작하는데 불의 신 「가구쓰치カグツチ」를 낳던 도중에 이자나미가 화상을 입어 죽고 만다. 상심한 이자나기는 죽은 아내를 되찾기 위해 저승세계인 「요미노쿠니黄泉の国」로 내려가지만, 너무도 흉측하게 변해버린 부인의 모습을 보고 놀

란 나머지 도망쳐 버린다. 이자나기는 저승세계의 부정穢れ을 씻어내기 위해 물에 들어가 미소기禊를 행하고 이때 다시 수많은 신들이 태어나는 데, 왼쪽 눈에서 태양신 「아마테라스오미카미天照大神」가, 오른쪽 눈에서 달의 신 「쓰쿠요미月天命」가, 그리고 코에서 바다의 신 「스사노오須佐之男」가 태어난다.

이자나기로부터 바다의 지배를 명받은 스사노오는 어머니인 이자나미가 사는 네노쿠니根の国에 가고 싶다며 울부짖는다. 이 소란으로 인해 세상에는 심각한 재난이 일어나게 되고 스사노오는 네노쿠니에 가는 도중, 누이인 아마테라스를 만나기 위해 다카마가하라에 들리기로 한다. 아마테라스는 스사노오가 자신으로부터 다카마가하라를 빼앗으려 한다고 오해하여 활과 화살로 그를 맞이한다. 스사노오는 그 오해를 풀기 위해 서약을 행한다.

② 아마이와토天岩戸 신화

서약으로 오해가 풀린 스사노오는 다카마가하라에 머물게 되는데 그 행동이 점점 난폭해진다. 어느 날, 아마테라스가 신에게 바칠 신의神衣를 짜고 있을 때, 스사노오가 베 짜는 방의 지붕에 구멍을 뚫고 가죽을 벗긴 말(「아마부치코마天斑駒」)을 떨어뜨리는 바람에 직녀 한명이 죽고 만다. 이에 격노한 아마테라스는 「아마이와토」라는 동굴에 들어가 숨어버리고 태양신이 사라진 세상은 어둠에 휩싸이게 된다. 천상의 모든 신들은 아마테라스를 동굴 밖으로 끌어내기 위해 계략을 세우고 여러가지 의식(제사)을 거행한다.

신들은 오늘날 천황가의 가보로 일컬어지는 「삼종의 신기三種の神器」 중 하나인 청동거울 「야타노카가미八咫鏡」와 옥 장신구인 「야사카니노마가타마八尺瓊勾玉」를 만들어 비쭈기나무榊에 매달고 제신 「아메노고야네天児屋命」에게 축문을 외우게 하였다. 그런 다음 「아메노우즈메天宇受

売命」라고 하는 여신이 동굴 앞에 나무통을 뒤집어 놓고, 그 위에 올라타 힘껏 발을 구르며 큰 소리를 내기 시작했다. 신이 들린 아메노우즈메는 옷을 풀어헤쳐 나체가 되어 춤을 추었고 이를 보고 그 자리에 모여있던 신들이 일제히 웃기 시작하였다. 웃음소리를 들은 아마테라스가 동굴의 바위 문을 조금 열고 고개를 내밀어 「내가 이곳에 은둔하고 있는데 천상의 신들은 왜 이토록 즐거워하는가」라고 아메노우즈메에게 묻자, 「당신보다 더욱 존귀한 신이 나타났기 때문입니다」라고 대답하면서 청동거울을 내밀었다. 거울에 비친 자신의 모습을 보고 새로운 신이라고 생각한 아마테라스는 그 모습을 더 자세히 보기 위해서 동굴 밖으로 몸을 내밀었다. 그러자 동굴 뒤에 숨어있던 「아메노타지카라오アメノタヂカラオ」라는 신이 아마테라스의 손을 잡아 동굴 밖으로 끌어내었다. 아마테라스가 동굴 밖으로 나오자 세상이 다시 밝아졌다.

천상의 신들은 이러한 소동을 초래한 스사노오에게 벌금을 과하고 손톱과 수염을 잘라 다카마가하라에서 추방하였다.

③ 이즈모出雲신화와 천손강림天孫降臨

다카마가하라에서 추방된 스사노오는 오늘날 시마네島根현에 해당하는 「이즈모出雲」라는 지역에 내려와 「야마타노오로치八岐大蛇」라는 거대한 뱀을 퇴치하고 「구시나다히메櫛名田比売」와 결혼을 한다. 스사노오의 자손인 「오호아나무치大国主」는 스사노오의 딸과 결혼을 하여 「스쿠나히코나少彦名命」와 함께 아시하라노나카쓰쿠니를 건설하기 시작한다. 그러나 다카마가하라의 신들은 아시하라노나카쓰쿠니를 통치해야하는 것은 아마테라스의 자손이어야 한다고 생각하여 몇 명의 신들을 이즈모에 사신으로 보낸다. 오호아나무치는 자신의 궁전 건설을 조건으로 천상의 신들에게 나라를 양도하기로 약속한다.

아마테라스의 손자인 「니니기瓊々杵尊」는 아시하라노나카쓰쿠니 평정을 계기로 「휴가日向」라는 지역에 강림하고 「고노하나사쿠야히메木花開耶姬」와 결혼하여 「야마사치히코山幸彦」와 「우미사치히코海幸彦」를 낳는다. 어부인 형 우미사치히코는 어느날 사냥꾼인 동생 야마사치히코에게 서로 도구를 바꾸어 보기를 제안한다. 동생은 형의 낚시 바늘을 사용하여 생선을 낚아보려고 하지만 결국 실패하고 형의 낚시 바늘마저 바다에 빠뜨리고 만다. 바늘을 돌려달라는 형의 재촉에 동생은 천개의 바늘을 만들어 바치지만 형은 원래의 바늘을 돌려 달라며 거절한다. 바닷가에서 신세를 한탄하던 동생은 우연히 해신海神의 궁전으로 향하고 그곳에서 해신의 딸 「도요타마히메豊玉毘売命」와 결혼하게 된다. 3년의 시간이 흐른 뒤 동생은 자신이 그곳에 오게 된 이유를 부인에게 고백한다. 해신은 어부들을 모아서 도미의 목에 걸린 형의 낚시 바늘을 찾아내고 동생은 형에게 바늘을 돌려준 뒤 부인이 알려준 여러 가지 계략을 사용하여 형을 복종시킨다.

도요타마히메는 산기가 가까워지자 야마노사치히코에게 자신이 출산하는 모습을 절대로 보아서는 안 된다며 말하고, 몰래 산방을 들여다본 야마사치히코는 자신의 아내가 뱀으로 변한 모습을 보고 놀라 달아난다. 도요타마히메는 자신의 정체를 들킨 것을 부끄럽게 생각하여 아들 「우가야후키아에즈鵜草葺不合命」를 홀로 남겨둔 채 해신의 나라로 돌아간다. 그 후 아들을 걱정한 도요타마히메는 여동생 「다마요리히메玉依毘売命」를 보내 아들을 키우게 한다. 우가야후키아에즈는 자신을 길러준 이모 다마요리히메와 결혼하여 네 명의 아들을 낳는데 그 중 막내아들 「가무야마토이와레히토神日本磐余彦尊」가 후에 진무神武천황이 된다.

이와 같이 천지개벽으로 시작되는 일본신화는 우여곡절 끝에 결국 초대천황인 진무神武천황의 탄생으로 마무리된다. 일본의 신화가 다른 나라의 신화와 가장 차별화되는 점은, 대부분의 고대 신화가 전설이나 고전문학과 같은 형태로 남아있을 뿐 그것들이 본래 가지고 있던 종교적인 성격은 소멸되어 있는 것에 반해, 일본신화에 등장하는 신들은 현재에도 일본 각지의 신사에서 신앙의 대상으로 모셔지고 있다는 점이다. 즉, 일본신화는 천황제와 깊이 관련되어 현재까지 종교적인 성격을 유지하고 있는 「살아있는 신화」라고 할 수 있다. 또한 『고지키』와 『니혼쇼키』에는 지금까지 소개한 신화들과 더불어 일본 고전문학의 뿌리가 되는 고대가요도 다수 수록되어 있다.

2. 고전문학의 발달

(1) 모노가타리와 설화문학

겐지모노가타리 에마키

고전 산문의 발달로 인해 오늘날의 소설과도 같은 모노가타리物語 장르가 등장하게 되는데 그 효시가 바로 『다케토리모노가타리竹取物語』라는 작품이다. 대나무 속에서 발견된 가구야かぐや라는 이름을 가진 여인의 성장기와 구혼담 그리고 달나라로의 승천을 다루고 있다. 일본의 달 관측 위성의 애칭으로 주인공인 가구야의 이름이 사용될 만큼 일본에서는 널리 알려진 이야기이다. 한편 일본의 모노가타리 문학의 대표작으로 손꼽히는 『겐지모노가타리源氏物語』는 헤이안시대 중기 궁녀인 무라사키시키부紫式部에 의해 성립된 일본 최고의 장편 모노가타리이다. 천황의 아들로 태어나 어려서 생모를 잃고 신하로 격하된 주인공 히카루겐지光源氏가 펼치는 여성편력과 인과응보의 삶을 그려내고 있다. 또한 가마쿠라시대에 성립된 『헤이케모노가타리平家物語』는 헤이안시대 말기 무사계급으로 귀족을 능가하는 권력을 손에 넣은 다이라平씨 일족의 흥망성쇠를 그린 작품으로, 대규모 전투 장면이 묘사되는 군기 모노가타리軍記物語의 대표작이다.

설화집으로는 헤이안시대 말기에 성립된 것으로 전해지는 『곤자쿠모노가타리슈今昔物語集』가 유명한데, 인도 · 중국 · 일본 3국의 불교 및 세속설화가 약 1000여편 수록되어 있다. 12세기 전반 경에 성립된 것으로 추정되는 이 설화집은 오늘날 교토나 나라 인근의 절에 기거하던 승려가 편집한 것으로 여겨진다. 이 설화집에 수록된 작품들은 훗날 일본의 근대문학 작가들에게 영향을 주어 아쿠타가와 류노스케芥川龍之介나 다니자키 준이치로谷崎潤一郎 등이 이 설화집에서 소재를 취한 작품을 남겼다. 또한 13세기 전반에 성립된 것으로 추정되는 『우지슈이모노가타리宇治拾遺物語』라는 설화집도 유명한데, 불교설화 약 80화와 세속설화 약 120화가 수록되어 있다. 이 중 세속설화 속에는 훗날 일본의 대표적인 전래동화로 일컬어지는 「혹부리 영감こぶとり爺さん」이나 「지푸라기 부자わらしべ長者」의 원형이 되는 이야기가 수록되어 있다.

(2) 일본의 수필과 시가문학

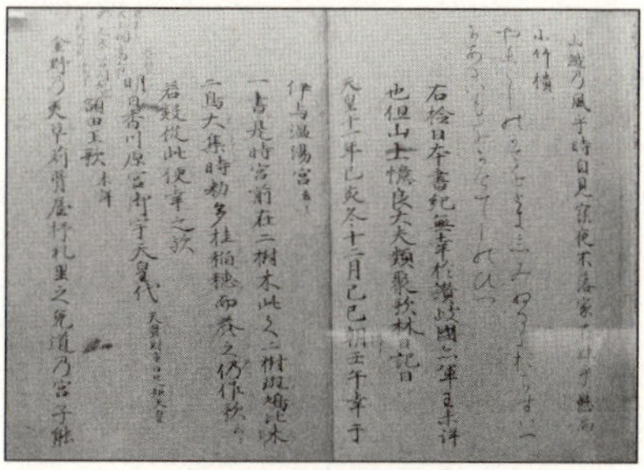

겐랴쿠 만요슈

『마쿠라노소시枕草子』는 헤이안시대 중기 중궁 데이시定子를 섬기던 궁녀 세이쇼나곤清少納言이 집필한 것으로 알려진 수필이다. 일상생활과 사계절의 변화에 대한 감상 및 궁중생활에 대한 회상이 주된 내용이다. 가모노 조메이鴨長明에 의해 가마쿠라시대 초기인 1210년대 전후에 성립된 수필인 『호조키方丈記』는 당대의 천재지변을 기록한 전반부와 속세를 떠나 산속의 초암草庵에서 펼치는 유유자적한 생활을 기술한 후반부로 구성되어 있다. 『쓰레즈레구사徒然草』는 가마쿠라시대 말기인 1330년대 전후에 요시다 겐코吉田兼好가 집필한 수필로 불교적인 무상관과 인간의 본질에

마쓰오 바쇼

대한 사유, 그리고 조정과 무가의 풍습에 대한 내용 등을 담고 있다.

8세기 후반에 성립된 것으로 전해지는 일본 최고最古의 와카집和歌集인 『만요슈万葉集』는 왕족부터 귀족, 하급관리 등에 이르기까지 여러 신분의 사람들이 사랑, 자연, 죽음, 궁중생활 등에 관해 읊은 와카가 약 4500여수 수록된 작품이다. 에도시대에 간행된 하이쿠俳句를 중심으로 한 기행문집인 『오쿠노호소미치おくのほそ道』는 마쓰오 바쇼松尾芭蕉가 자신의 제자와 함께 약 150여일간 일본의 도호쿠東北 · 호쿠리쿠北陸지방을 여행하면서 지은 하이쿠를 모아 그의 사후에 출간된 것이다.

3. 일본의 근·현대 문학

(1) 서구문명과 근대 일본문학

나쓰메 소세키

일본을 대표하는 근대 문학자인 나쓰메 소세키夏目漱石(1867~1916)는 도쿄제국대학 영문과를 졸업하고 지방의 중·고등학교에서 교편을 잡은 후 문부성의 관비유학생 자격으로 어학공부를 위해 영국 런던으로 향했다. 유학생활 중 나쓰메 소세키는 영문학에 관심을 갖고 홀로 하숙집에서 문학연구에 몰두한다. 이후 외부와의 단절과 문학연구의 어려움을 겪으며 신경쇠약에 빠진 나쓰메 소세키는 결국 1902년 12월에 런던을 떠난다. 귀국 후 정신적인 안정을 위해 시도한 소설 『나는 고양이로소이다吾輩は猫である』(1905)가 호평을 얻어, 1907년에 아사히신문사朝日新聞社에 입사하여 전속 작가로서 활동하게 된다. 지병으로 요양생활을 거듭하면서도 창작활동에 힘써 『산시로三四郎』(1908), 『그 후それから』(1910), 『마음こころ』(1914) 등의 작품을 남겼다.

모리 오가이森鴎外(1862~1922)는 도쿄제국대학 의학부를 졸업하고 육군 군의관을 거쳐 독일 유학길에 올랐다. 이 시기의 경험을 바탕으로 일본인 청년 유학생과 독일인 여성 댄서의 비극적인 사랑을 그린 소설 『무희舞姫』(1890)를 집필하였다. 이후 군인 겸 소설가로 활동하면서 『아베일족阿部一族』(1913), 『다카세부네高瀬舟』(1916)등의 작품을 남겼다.

모리 오가이

(2) 요절한 일본 작가

히구치 이치요

메이지시대 초기의 여성작가인 히구치 이치요樋口一葉(1872~1896)는 어려서부터 문학적 소양을 키웠으나 집안 형편이 나빠져 여자의 몸으로 일가의 생계를 꾸려나가게 되었다. 이후 문예지 『문학계文学界』의 동인들과의 교류를 통해 본격적인 작품 활동을 시작하였다. 궁핍한 생활로 인해 유곽지대인 요시와라吉原 근처에서 잡화점을 경영하였는데 성공하지 못했다. 그러나 이때의 경험을 소재로 소년 소녀들의 애틋한 감정을 묘사한 대표작 『키재기たけくらべ』(1896)를 집필하여 비평가들로부터 찬사를 받았다. 그 후로도 당시 사회의 하류층에 속하는 유녀遊女를 주인공으로 한 작품들을 집필하나, 폐결핵으로 인해 24살의 젊은 나이로 요절하고 말았다.

미야자와 겐지宮沢賢治(1896~1933)는 일본의 동북지방에 위치한 이와테현의 상인 집안에서 태어나 유복한 환경 속에서 과학과 문학에 관심을 갖고 자랐다. 종교와 가업에 대한 이해 차이로 아버지와 대립하여 홀로 도쿄에 상경하여, 열악한 환경 속에서 창작활동을 이어가던 중, 여동생의 병을 알게 되어 귀향하였다. 고향의 농학교 교사로 재직

하면서 시집 『봄과 수라春と修羅』(1924), 동화집 『주문이 많은 요리점注文の多い料理店』(1924)을 발표하였다. 1926년에 교직을 그만두고 창작활동과 더불어 지역의 농민들을 위해 봉사하다가 37살의 나이로 병사하였다. 병상에서 쓴 시 「비에도 굴하지 않고雨ニモマケズ」는 오늘날까지도 일본인들에게 사랑받는 작품으로 남아있다.

미야자와 겐지

(3) 현대 일본의 대표 작가

시바 료타로司馬遼太郎(1923~1996)는 오사카 출신으로 대학입학과 더불어 학도병으로 중국동북부에 출병한 경험을 갖는다. 그는 전쟁 후에 산케이신문사에 입사하여 재직 중이던 1959년 『부엉이의 성梟の城』으로 나오키상直木賞을 수상, 이후 『료마가 간다竜馬がゆく』(1962), 『언덕위의 구름坂の上の雲』(1968) 등 일본사의 격동기를 다룬 작품을 집필하여 역사소설의 새로운 바람을 일으켰다. 또한 『가도를 가다街道をゆく』(1971) 시리즈를 비롯하여 여러 편의 수필작품을 통해 활발한 문명비판을 전개하기도 하였다.

시바 료타로 기념관

무라카미 하루키村上春樹(1949~)는 와세다대학 문학부를 졸업한 뒤 재즈다방을 경영하면서 1979년에 『바람의 노래를 들어라風の歌を聴け』로 군조신인문학상群像新人文学賞을 수상하며 작가로 데뷔하였다. 이후 『양을 둘러싼 모험羊をめぐる冒険』(1982), 『댄스 댄스 댄스ダンス・ダンス・ダ

ンス』(1988) 등을 발표하며, 작가 특유의 환타지세계를 감각적인 문체로 그려냈다. 특히 1987년에 발표한 『노르웨이의 숲ノルウェイの森』은 상 · 하권을 합해 500만부 이상의 발행부수를 보이며 베스트셀러가 되었다. 무라카미 하루키는 오늘날 일본뿐만 아니라 세계적으로 유명한 현대 작가 중 한명으로 손꼽히고 있다.

무라카미 하루키

요시모토 바나나よしもとばなな(1964~)는 1988년에 발표한 『키친キッチン』으로 데뷔하였는데, 독특한 인물설정과 스토리 전개로 당대의 젊은이들의 고독과 방황 그리고 치유에 대한 열망을 포용하여 일약 인기작가의 반열에 올라섰다. 이후 발표한 『쓰구미TUGUMI』(1989), 『암리타アムリタ』(1994) 등의 작품에서도 운명이나 재생이라는 테마를 중심으로 인간의 내면세계를 특유의 시선으로 그려내고 있다. 데뷔 당시에는 요시모토 바나나吉本ばなな라는 필명을 사용하였으나, 2002년부터 히라가나 표기인 요시모토 바나나よしもとばなな로 변경하여 사용 중이다. 아버지는 일본의 사상가이자 평론가로도 저명한 요시모토 다카아키吉本隆明이다.

4. 일본의 문학상과 재일동포문학

(1) 일본의 문학상과 노벨문학상 수상자

일본을 대표하는 문학상에는 「아쿠타가와상芥川賞」과 「나오키상直木賞」이 있는데, 이는 다이쇼大正시대에 활약했던 소설가인 아쿠타가와 류노스케芥川龍之介(1892～1927)와 나오키 산주고直木三十五(1891～1934)의 업적을 기념하기 위해 문예춘추사文芸春秋社의 설립자인 기쿠치 간菊池寛이 1935년에 만든 것이다. 일반적으로 아쿠타가와상은 예술성에 중점을 둔 순문학 신인작가의 작품에 수여되는 경향을 보이며, 나오키상은 대중적인 인기를 얻은 기성작가의 작품에 수여되는 경향을 보인다. 수상자는 일본문학진흥회의 위탁을 받은 선고위원選考委員들의 심사를 통해 발표된다. 전쟁기인 1945년부터 일시 중단 되었다가 1949년에 부활하여 오늘날까지도 이어지고 있다.

아쿠타가와 류노스케

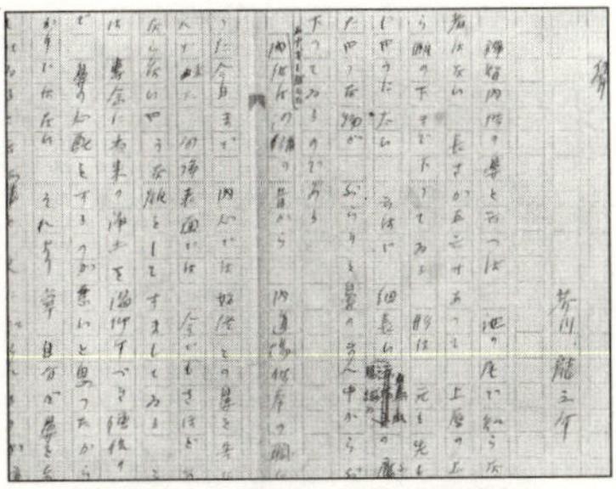
아쿠타가와 류노스케 자필원고

기쿠치 간

일본인 노벨 문학상 수상 작가에는 가와바타 야스나리川端康成(1899

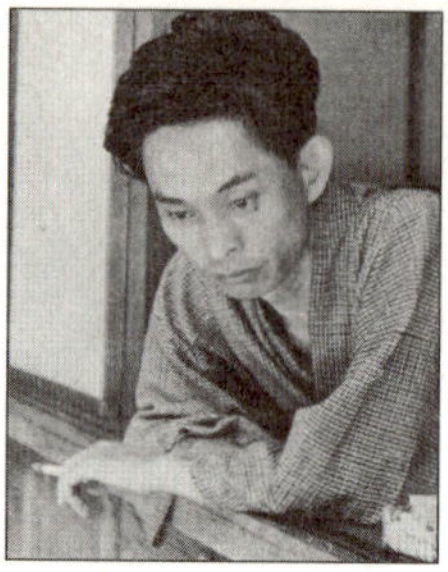

가와바타 야스나리

가와바타 야스나리 문학관

오에 겐자부로

~1972)와 오에 겐자부로大江健三郎(1935~)가 있다. 1968년 10월, 『이즈의 무희伊豆の踊子』(1926), 『설국雪国』(1935~48) 등을 집필한 작가 가와바타 야스나리가 일본인으로서 첫 노벨 문학상을 수상하였다. 이후 1994년 10월에 『만연원년의 풋볼万延元年のフットボール』(1967), 『동시대 게임同時代ゲーム』(1979) 등으로 유명한 소설가 오에 겐자부로가 26년 만에 두 번째 일본인 노벨 문학상 수상자가 되었다.

(2) 재일동포문학

재일동포문학이란 일반적으로 일본의 패전 이후 출현한 일본내에 거주하는 한국인에 의한 일본어 작품을 말하는데, 1950년대부터 60년대까지는 김달수金達寿(1919~1997)의 『현해탄玄界灘』(1954), 김석범金石範(1925~)의 『까마귀의 죽음鴉の死』(1957) 등의 작품이 발표되어 일본문단의 주목을 받았다. 또한 1960년대 말부터 70년대 초에 걸쳐서는 김학영金鶴泳(1938~1985)의 『얼어붙은 입凍える口』(1970), 이회성李恢成(1935~)의 『다듬이질 하는 여인砧をうつ女』(1972) 등의 작품이 발표되어 일본 내의 입지를 넓혔다. 또한 1972년에 이회성이 재일동포작가로서 처음으로 일본의 대표적인 문학상인 아쿠타가와상을 수상하였고 이후에 이양지李良枝(1988), 유미리柳美里(1996) 그리고 현월玄月(1999)까지 총 4명의 재일동포작가들이 이 상을 수상하면서 일본문학계 속에서

재일동포문학의 입지를 굳혔으며 오늘날에도 다수의 작가들이 꾸준히 활동하며 그 명맥을 이어가고 있다.

제12장 세계 속의 일본

1. 세계 속의 일본 기업 및 브랜드
2. 일본을 대표하는 캐릭터들
3. 세계 속의 일본인

I. 세계 속의 일본 기업 및 브랜드

(1) 깃코만キッコーマン

1917년에 설립된 깃코만キッコーマン은 일본 지바千葉현 노다野田시에 본사를 두고 있는 조미료 식품회사이다. 이 회사의 대표 상품은 깃코만 간장으로 전 세계 100여 개국에서 판매되고 있으며 시장점유율은 약 50%를 차지하고 있다. 제2차 세계대전 후 일본에 들어온 미국인들이 간장 맛에 거부감 없이 적응하는 것을 보고 일찍부터 세계시장에 판로를 개척하였다. 그 결과 깃코만 간장은 오늘날 미국과 유럽에서 동양을 대표하는 소스로 각광받고 있다. 또한 육류요리를 즐기는 미국인들을 위해 철저한 현지화 과정을 거쳐 1961년에 데리야키 소스를 판매하여 크게 성공하였다.

깃코만 간장

(2) 브리지스톤ブリヂストン

세계적인 타이어 회사로 유명한 브리지스톤ブリヂストン의 회사명은 창업자인 이시바시 쇼지로石橋正二郎(1889~1976)의 성姓인 이시石(Stone)바시橋(Bridge)를 그대로 영역하여 만들어진 것이다. 1931년에 설립된 이 회사는 타이어를 비롯한 고무제품을 주력으로 생산 및 판매하고 있

는데, 오늘날에는 골프나 테니스 등 스포츠 용품까지 그 영역을 확대하고 있다. 1960년대부터 미국과 유럽시장 그리고 아프리카 및 중남미 시장에 진출한 브리지스톤 타이어는 2005년에 프랑스의 타이어 업체 미슐란을 제치고 세계시장 점유율 1위를 차지하였다. 이는 1997년부터 참가한 세계적인 자동차 경주 대회인 F1 그랑프리를 통해 타이어의 성능과 효과가 입증된 결과라 할 수 있을 것이다.

브리지스톤 타이어

(3) 도요타トヨタ

자동차의 종주국인 미국의 회사들을 제치고 오늘날 전 세계 자동차 업계의 1등 브랜드로 자리 잡은 것은 일본의 도요타トヨタ 자동차이다. 1935년부터 자동차 제조를 시작한 이 회사는 오늘날 연간 약 20조엔 이상의 매출을 내는 일본 최대의 거대 기업으로 성장하였다. 회사명은 창업자 가문인 도요다豊田 일족의 성에서 유래하여 창업당시에는 영문표기도 「TOYODA」였으나, 1936년부터는 독립적인 회사명인 「TOYOTA」를 사용하기 시작하였다. 현재 도요타 자동차의 본사 소재지는 원래 고로모挙母라는 지명이었으나, 도요타 자동차의 성공에 의해 1959년 이례적으로 회사명과 동일한 도요타豊田시로 변경되었다. 도요타 자동차는 일본 국내는 물론 해외에서도 인기가 높다. 특히 미국에서는 1989년에 고급차 브랜드인 렉서스LEXUS를 설립하여 미국과 유럽의 여타 고급차 브랜드들과 어깨를 나란히 하고 있다. 2008년도에는

도요다 기이치로

미국 자동차 업계의 자존심이자 세계적인 회사인 GM을 누르고 세계 판매 대수 1위를 차지하여 일본 자동차의 저력을 과시하였다.

(4) 시세이도資生堂

시세이도資生堂는 오늘날 일본을 대표하는 세계적인 화장품 회사이다. 대학에서 서양약학을 공부하고 졸업 후, 해군병원의 약국장이 된 후쿠하라 아리노부福原有信(1848~1924)는 23살의 젊은 나이에 직장을 그만두고 일본에서 민간 최초로 서양식 제조약국인 시세이도약국을 1872년에 도쿄 긴자銀座에 개업하였다. 초창기에는 약품 판매와 더불어 발모제나 치약 등을 판매하였는데 1917년에는 화장품부서를 따로 독립시켜 오늘날 시세이도의 초석을 마련하였다. 이후 일본 국내는 물론 중국, 프랑스 등 해외시장에도 진출하여 세계 5대 화장품 회사로 성장하였다.

(5) 소니ソニー

소니 본사

오늘날 세계적인 전자기기 회사인 소니ソニー의 설립 당시 회사명은 도쿄통신공업東京通信工業이라는 지금은 조금 낯선 이름이었다. 1946년에 설립된 이 회사는 일본에서 처음으로 테이프레코더를 제조, 판매한 것으로 유명하다. 또한 1950년대 중반 트랜지스터 라디오를 미국에 수출하면서부터 어려운 일본식 회사명 대신에 현재의 소니SONY라는 로고를 사용하여 그 인지도를 높였다. 이후 휴대용 오디오기기의 대명사가 된 워크맨을 발표하여 대성공을 거두고, 1984년에는 세계 최초로 휴대용 CD플레이어도

발매하였다. 이후 1990년대 중반 이후 컴퓨터 산업과 게임 산업에도 진출하여 바이오VAIO라는 독보적인 컴퓨터 브랜드를 확립하고, 가정용 게임기인 플레이스테이션PlayStation을 발매하여 대성공을 거두었다. 그러나 2000년대 이후 시장변화에 능동적으로 대처하지 못하고 주력상품인 텔레비전이 판매부진에 빠지자 경영난이 심화되었다.

(6) 유니클로ユニクロ

유니클로 상점

일본 국내에 약 850점포, 해외에 약 530점포[30]를 보유한 유니클로ユニクロ는 고품질과 저가격을 모토로 실용적인 의류품을 생산 판매하는 회사이다. 회사명이자 브랜드명이기도한 유니클로는 1984년 히로시마広島시에 문을 연 유니섹스 전문 의류매장인 Unique Clothing Warehouse에서 유래한다. 당초 UNI-CLO라는 영문 약칭을 사용하였는데, 1988년에 홍콩에 현지법인을 만들 당시 UNI-QLO로 잘못 표기하여 등록한 것을 계기로 지금의 브랜드인 UNIQLO가 탄생하였다. 1990년대에 미국의 의류 브랜드인 GAP을 벤치마킹하여 SPA(제조형 소매업) 사업에 진출하여 성공을 거두었다. 이후 2000년대에는 유럽, 미국, 아시아로 진출하였고, 특히 2005년부터는 본격적으로 한국시장에도 진출하는 등 세계적인 의류 회사로서 발전해 나아가고 있다.

---

30) 「패스트 리테일링(Fast Retailing)」 홈페이지 참조. 2014년 2월 현재 국내 116매장 운영. http://www.fastretailing.com/jp/group/shoplist/

2. 일본을 대표하는 캐릭터들

(1) 잡화

헬로키티 상점

헬로키티 버스

키티 화이트キティ・ホワイト는 키티짱キティちゃん이란 애칭으로 사랑받는 일본의 장수 캐릭터이다. 잡화 회사 산리오サンリオ가 1974년에 고안해 낸 것으로, 흰 고양이를 의인화하여 왼쪽 귀에 리본이나 액세서리를 붙이고 있는 것이 특징이다. 일본 국내에서 본격적으로 인기를 끌기 시작한 것은 1990년대 중반이후로, 일반적으로 헬로키티ハローキティ라 불리는 것은 관련 캐릭터(키티 화이트의 가족, 친구 등)를 모두 포함한 명칭이다. 오늘날 전 세계 약 70개국에 진출하여 5만 여종 이상의 상품이 판매되고, 4000억엔 이상의 연간 매출을 달성하고 있다. 해외 유명인들 중 머라이어 캐리, 패리스 힐튼, 레이디 가가 등이 헬로키티의 팬으로 알려져 있다.

리락쿠마リラックマ는 문구 잡화를 제조 판매하는 산엑스サンエックス의 대표 캐릭터로 2003년에 제1호 상품의 판매가 시작되었다. 관련 상품인 동화책에서 도쿄에 살고 있는 25살의 회사원 가오루カオル의 집에 어느 날 갑자기 찾아와

가샤퐁

같이 살고 있는, 정체를 알 수 없는 곰 모양의 인형탈着ぐるみ을 쓰고 있는 설정으로 되어 있다. 기로이토리キイロイトリ나 고리락쿠마コリラックマ 등의 친구 캐릭터들이 존재한다. 오사카, 도쿄, 후쿠오카, 삿포로, 센다이 등에 전문 캐릭터 숍이 있으며, 최근에는 산엑스의 대표 캐릭터인 다레판다たればんだ를 뛰어넘는 판매고를 기록하고 있다.

(2) 애니메이션

안팡만アンパンマン은 만화가이자 동화 작가인 야나세 다카시やなせたかし가 고안해낸 캐릭터이다. 1973년에 출판된 동화책 『가자! 안팡만それいけ！アンパンマン』에 처음 등장하여 가난한 사람들을 돕는 역할을 담당하였다. 처음 안팡만의 모

고베 안핑만 박물관

습은 8등신의 인간형상을 하고 있었으나, 이후 동화책의 주 독자층인 어린이들의 눈높이에 맞추어 3등신의 귀여운 캐릭터로 디자인이 변경되었다. 오늘날 널리 알려진 안팡만 캐릭터는 1988년부터 니혼테레비日本テレビ에서 방영되기 시작한 동명 애니메이션 속의 모습이다. 머리가 안팡(팥빵)으로 만들어진 주인공은 배가 고픈 사람에게 자신의 머리 부

안팡만 쓰래기통

안팡만 자판기

분을 나누어 주며 도와주고, 바이킹만バイキンマン 등의 악한 무리로부터 마을을 지키는 영웅적인 모습으로 묘사된다. 원작자가 고안해낸 안팡만 시리즈에 등장하는 캐릭터 수는 2009년 현재 약 1700여개로 단독 애니메이션 시리즈 속에 등장하는 캐릭터 수로 최다를 기록하여 기네스북에 등재되었다.

도라에몽ドラえもん은 일본의 만화가 후지코 · F · 후지오藤子 · F · 不二雄의 SF 아동만화 『도라에몽ドラえもん』에 등장하는 22세기의 미래에서 온 로봇이다. 함께 살고 있는 초등학생 노비타のび太가 어려움에 처하면, 미래에서 가져온 갖가지 도구를 배에 달린 주머니 속에서 꺼내 사용하여 사건을 해결해주는 역할을 담당하고 있다. 작품 속 설정상으로는 고양이 모양의 2등신 로봇으로 몸체는 파란색이며 손과 배, 그리고 얼굴은 하얀색인 오뚜기와 같은 모양을 하고 있다. 원래는 고양이 귀를 갖고 있었으나 쥐에게 물어 뜯겨 둥근 머리 모양이 되었다. 가장 좋아하는 음식은 도라야키이다. 일본에서는 국민적인 캐릭터로 인기를 끌고 있으며, 동아시아를 중심으로 해외에서도 인기가 높다. 2000년대에 들어서 국내에서도 방영되어 인지도를 높이고 있다.

(3) 게임

피카츄ピカチュウ는 1996년에 게임용 소프트웨어로 개발되어 1997년부터 TV 애니메이션으로 방송되며 큰 인기를 얻은 포켓 몬스터ポケットモンスター 시리즈에 등장하는 약 650여종의 몬스터 중 하나로 시리즈를 대표하는 캐릭터이다. 몸체는 노란색이며 등에는 갈색의 무늬가 있고, 토끼같이 긴 귀 끝은 검정색이다. 또한 꼬리는 번개를 형상화한 지그재그 모양이고, 얼굴의 양 볼에는 빨간색 점이 있다. 피카츄란 이름은 일본어로 빛이 번쩍이는 모양인 피카ピカ와 쥐의 울음소리인 츄チュウ가 합쳐진 것이다. 포켓 몬스터 시리즈의 캐릭터 명칭은 외국에 수출되면 현지 언어로 변경되는데 피카츄의 경우엔 원래 명칭을 유지하도록 되어있다. 1999년 11월에 개봉된 첫 번째 극장판 『포켓 몬스터-뮤츠의 역습ポケットモンスター ミュウツーの逆襲』이 미국에서 크게 성공(흥행수입 8천만 달러)하면서 이후 게임 소프트와 애니메이션이 꾸준히 인기를 얻고 있다.

피카츄 종이컵

피카츄 비행기

마리오マリオ는 일본의 게임회사 닌텐도任天堂가 개발한 오리지널 캐릭터로, 1981년 게임 소프트 『돈키콩ドンキーコング』에 처음 등장하였다. 이후 1985년에 발매된 게임 소프트 『슈퍼 마리오 브라더스スーパーマリオブラザーズ』가 크게 히트하면서 세계적인 인지도를 얻게 되었다. 신장

155cm의 통통한 체격으로 갈색 머리에 둥근 코밑에 멋진 콧수염을 달고 있다. 파란색 멜빵 청바지를 입고 있으며, 손에는 하얀색 장갑을 끼고, 머리에는 알파벳 M자가 그려진 빨간 모자를 쓰고 있다. 2012년 현재 마리오가 등장하는 관련 게임 소프트 종류는 약 26작품에 이르며, 전 세계적으로 약 2억 7500만개가 판매되었다.

(4) 영화

고질라ゴジラ는 일본의 도호東宝 영화사가 1954년에 개봉한 SF영화에 등장하는 괴수 캐릭터이다. 영화『고질라』시리즈는 첫 개봉이후 오늘날까지 시리즈로 제작되어 일본을 대표하는 괴수영화 중 하나이다. 크기는 약 80미터 정도이며, 이름의 유래는 힘이 쌘 고릴라ゴリラ와 몸집이 커다란 고래를 뜻하는 일본어 구지라クジラ가 합쳐져서 만들어졌다. 고질라는 반복되는 수소폭탄 실험으로 인해 인간에 의해 서식지를 파괴당한 괴수가 인간세상에 재앙을 몰고 온다는 설정으로, 첫 번째 영화가 개봉되던 당시 미국의 비키니섬 수소폭탄 실험에서 영감을 얻은 것이다. 1998년에는 미국 헐리우드에서『GODZILLA』라는 타이틀로 리메이크 되었으며, 일본을 대표하는 프로야구 선수 중 한명인 마쓰이 히데키松井秀喜가 미국의 메이저리그에서 선수생활을 하던 당시 사용된「고질라」라는 별명 또한 이 캐릭터의 이름에서 따온 것이다.

3. 세계 속의 일본인

(1) 오즈 야스지로小津安二郎(1903.12.12.~1963.12.12.)

오즈 야스지로

상업을 가업으로 삼은 집안의 5형제 중 둘째로 태어났다. 1921년 중학교를 졸업한 오즈 야스지로는 가업을 잇기 위해서 상업 공부를 계속하기 바라던 부모의 뜻에 따라 고베고등상업학교(현 고베대학)에 입학하고자하나 시험성적이 좋지 않아 낙제하게 되고, 이후 몇 번의 입학시험에 응시하나 끝내 합격하지 못했다. 다만 이 시기에 관람한 여러 편의 영화는 훗날 그가 영화계에 몸담기로 결심하는데 큰 영향을 미친다. 상업학교 진학이 어려워지자 부모님의 권유에 따라 시골 학교에서 임시교사로 학생들을 가르치게 되나, 결국 1년여 만에 그만두고 가족이 있는 도쿄로 돌아와 부모에게 영화 일을 허락해 줄 것을 부탁한다. 천신만고 끝에 아버지의 허락을 얻어 1923년에 쇼치쿠키네마松竹キネマ에 입사하여 촬영조수로서 일하게 되었다. 이후 현장에서 조감독을 거치면서 영화제작에 대한 노하우를 습득한 오즈 야스지로는 1927년에 첫 감독 작품을 선보이며 도시 소시민들의 일상에 주목한 영화들을 다작하여 평론가들의 호평을 얻어냈다. 그러나 1940년대에 들어서자 검열제도와 전쟁 홍보영화 제작 등 본인의 뜻대로 작품 활동을

할 수 없는 시기가 이어졌다. 패전 이후 다시 영화계에 복귀한 그는 카메라를 낮은 위치에 고정시켜 구도 변화가 없는 장면을 촬영하는 특유의 스타일과, 류 치슈笠智衆, 하라 세쓰코原節子 등 동일 배우를 여러 편의 영화에 지속적으로 기용하는 독특한 제작 스타일을 확립하여, 훗날 대표작으로 손꼽히는 『만춘晩春』(1949), 『맥추麦秋』(1951), 『도쿄 이야기東京物語』(1953) 등을 제작하였다. 오늘날 해외 영화계에서는 구로사와 아키라黒沢明, 미조구치 겐지溝口健二와 더불어 일본을 대표하는 영화감독으로 손꼽히고 있으며, 장 뤽 고다르, 빔 벤더스, 짐 자무쉬 등 세계적인 영화감독들이 오즈 야스지로의 영화에 대해 경의를 표하고 있다.

(2) 오자와 세이지小澤征爾(1935.9.1.~)

일본을 대표하는 세계적인 지휘자 중 한 사람이다. 어려서부터 음악에 소질을 보인 그는 패전으로 물자가 부족하던 당시에 가족들의 도움을 받아 피아노를 배우기 시작하였다. 그러나 중학교에 입학하여 럭비와 피아노를 병행하던 그는 시합에서 큰 부상을 입고 피아니스트로서의 꿈을 단념하게 되었다. 1957년에 현 도호학원대학桐朋学園大学 음악학부를 졸업하고 군마群馬 교향악단, 일본 필하모니 교향악단 등에서 지휘경험을 쌓았다. 1959년 2월에 유학을 결심하고 프랑스로 출국하여, 동년 파리에서 개최된 제9회 브잔손 국제 지휘자 콩쿨에서 1위를 차지하였다. 이를 계기로 세계적인 명지휘자인 허버트 카라얀과 레너드 번스타인 등에게 사사를 받았다. 이후 시카고, 런던, 보스톤 교향악단 및 빈, 베를린 관현악단 등에서 지휘봉을 잡으며 세계적인 명성과 인지도를 얻게 되었다. 한편 1961년에 20대 후반의 젊은 나이에 일본을 대표하는 NHK교향악단의 지휘자로 초대된 그는 거듭되는 단원들과의 감정적 충돌로 인해 연주회를 보이콧 당하는 사태에 처하게 되고,

이를 계기로 일본 국내에서의 활동을 꺼리게 되었다. 다만 1998년 나가노 동계올림픽 때는 음악감독에 취임하여 개회식에서 베토벤의 제9번 합창을 지휘하였다. 2010년 11월에 빈 필 하모니 관현악단으로부터 명예단원의 칭호를 수여받았으며, 현재는 식도암 치료를 위해 잠정적으로 활동이 중지된 상태이다.

(3) 미야케 잇세이三宅一生(1938.4.22.~)

히로시마에서 태어나 유년기부터 남다른 미적 감각의 소유자였다. 원폭 피해로 폐허가 된 히로시마의 풍경을 스케치하며 미술공부를 시작한 그는 고교졸업 후 도쿄로 상경하여 다마多摩 미술대학에 입학하였다. 재학시절 패션 디자인에 관심을 갖게 된 그는 파리로 유학을 결심하였다. 이후 유명 패션 브랜드 지방시에 소속되어 완성된 의상의 도안 작업을 담당하는 등, 실전을 통해 길러진 재능을 살려 1973년에 자신이 설립한 브랜드 「잇세이 미야케イッセイ・ミヤケ」로 파리 콜렉션에 참가하였다. 이때 선보인 실용적인 소재를 간편하게 착용하는 컨셉트는 의복의 원점에 충실한 디자인으로 높이 평가받았다. 이후 1993년에 프랑스에서 레지온 드 누르 훈장과, 영국 왕립 미술대학의 명예박사를 수여받으며, 1999년에는 미국의 주간지 『타임TIME』의 아시아판에 「금세기 가장 영향력 있는 아시아의 20인」에 선출되는 등 세계적으로 그 공로를 인정받았다. 「잇세이 미야케」 브랜드의 검정색 터틀넥 스웨터는 애플의 전 경영자인 고 스티브 잡스가 애용하던 옷으로도 유명하다.

잇세이 미야케 상점

(4) 안도 다다오安藤忠雄(1941.9.13.~)

안도 다다오

오사카 출생의 세계적인 건축가이다. 쌍둥이 형제로 태어나 어려서부터 할머니와 함께 일본의 전통 서민가옥인 나가야長屋에서 생활한 그는, 14살 때 살고 있던 집의 보수작업을 도운 것이 건축가로서의 꿈을 키우는 계기가 되었다. 학창시절 프랑스의 건축가 르 코르비제의 작품을 동경하던 그는 1965년 공업고등학교를 졸업하고 7개월간 소련, 유럽, 아시아 등을 여행하며 각 지역의 유명 건축물들을 둘러보았는데, 이때 이탈리아의 「판테온 신전」과 프랑스의 「롱샹 교회」에 도입된 자연광을 이용한 건축기법에 감명을 받아, 자연과 건축물의 조화를 통해 사람들이 모이는 장소를 제공한다는 건축이념을 확립하기에 이른다. 이후 1969년에 고향인 오사카에 「안도 다다오 건축연구소」를 개설하여 개인주택과 상업빌딩 등의 설계에 전념한다. 1976년 저렴한 가격에 자유로운 조형이 가능한 콘크리트와 자연광을 십분 활용한 「스미요시의 나가야」로 35살의 나이에 일본건축학회상을 수상하며 일본 내의 입지를 굳힌 그는, 이후에도 구조용 자재인 콘크리트 특유의 질감을 활용한 건축양식을 고수하며, 1989년에는 프랑스의 건축아카데미 대상, 1992년에는 덴마크의 칼스버그 건축상, 그리고 2002년에는 미국 AIA골드메달 등을 수상하며 일본을 대표하는 세계적인 건축가로 평가받고 있다. 우리나라의 제주도 서귀포시에 있는 「본태 박물관」(2012)과 강원도 원주에 위치한 「한솔 뮤지엄」(2012)도 안도 다다오의 작품으로 유명하다.

(5) 가와쿠보 레이川久保玲(1942.10.11.~)

일본의 패션디자이너이자 실업가이다. 게이오慶応대학 졸업 후 대기업에 입사하나 3년 만에 그만두고 프리랜서 스타일리스트로 활약하였다. 1973년에 기성복 제조 및 판매 회사인 「콤 데 갸르송Comme des Garsons」을 설립하여 사장으로 취임하였다. 1981년부터 파리 콜렉션에 참가하였는데 여성의 실루엣을 최대한 살려 섹시미를 강조하던 기존의 서양 디자인과는 달리 직선적이고 섹시미를 배재한, 모노톤의 의상으로 화제를 불러일으켰다. 이후에도 전위적인 디자인 감각으로 유럽 패션계의 주목을 받으며 활동하여 1992년에 프랑스 예술문화 훈장을 받았으며, 1997년에는 영국 왕립 예술대학교의 명예박사를 수여받았다. 또한 2012년에는 69살의 나이로 패션업계의 오스카상으로 일컬어지는 미국의 CFDA 패션 어워드도 수상하여 국제적으로 그 공로를 인정받았다.

(6) 사카모토 류이치坂本龍一(1952.1.17.~)

사카모토 류이치

일본을 대표하는 세계적인 뮤지션이다. 3살때부터 피아노를 치기 시작한 그는 어려서 스트라빈스키나 드뷔시 등 클래식 음악가의 영향을 받으며 자랐다. 중 · 고등학교 시절에는 재즈와 락 음악에 관심을 보였으며 1970년에 도쿄예술대학에 입학, 재학 중에 수강한 민족음악학과 전자음악과의 만남은 이후 그의 음악세계에 큰 영향을 미치게 되었다. 대학원에 재학 중이던 1975년부터 세션 연주자로 활동을 시작하며 연주 실력을 인정받았고, 1978년에는 호소노 하루오미細野晴臣, 다카하시 유키히로高橋幸宏와 함께 「옐로 매직 오케스트라(YMO)」를 결성하여 본격적인 음악활동을 시작하였다. 이후 자신의 밴드 활동과 더불어 야노 아키코矢野顕子, 이마와노 기요시로忌野清志郎 등 독특한 음악세계를 소유한 뮤지션들과의 협연을 통해 일본 내 음악계에 센세이션을 불러일으켰다. 1983년에는 일본, 영국, 오스트레일리아 등의 합작 영화인 오시마 나기사大島渚의 『전장의 메리크리스마스』에 출연하는 조건으로 영화음악을 담당하였으며, 칸느 국제영화제 출품을 계기로 베르나르 베르톨루치 감독과 인연을 맺어 데이비드 번 등과 함께 『마지막 황제』(1987)의 영화음악을 담당하게 되었다. 『마지막 황제』의 영화음악을 통해 사카모토 류이치는 일본인 최초로 골든 글러브상과 아카데미상 등을 수상하는 영예를 얻어, 영화음악 작곡가로서 세계적인 주목을 받게 되었다. 이후 일본과 미국에 거점을 두고 음악활동과 사회활동을 병행하며 활약 중이다.

| 이미지 저작자 및 출처 |

본 교재에 사용된 이미지의 저작자와 출처는 다음과 같다.

저작자

663highland, Bamse, Bgag, Captain76, Chris73, Christopher Schriner, Comyu, Corpse Reviver, Creative Tools, Daderot, Elijah van der Giessen, Galoren.com, Gleam, Gnsin, Haragayato, ignis, Javierme, Jimmy Yao, Jnn, Joi Ito, Jose Fernando, Katorisi, Kirakirameister, Kuha455405, Naganonosoujirou, N yotarou, Ocdp, Opponent, PlusMinus, Rdsmith4, Reiji Yamashina, S-8500, SEKIUCHI, Sergio Calleja, Shuichi Aizawa, SK2, Skitahashi, Thesupermat, Tomomarusan, vera46, Wiiii, Yumi kimura

이미지출처

http://dougoonsen.sakura.ne.jp/

http://japan-photo.jnto.go.jp/

http://ja.wikipedia.org/

http://lovefreephoto.jp/

http://www.aichi-photo.jp/

http://www.fphoto.info/

http://www.miyoshinavi.jp/

http://www.ookuninushiden.com/

바로아는
일본문화

지은이 | 허인순 서인우 최준호 임성택
펴낸이 | 서거석
펴낸곳 | 전북대학교 출판문화원
초판 1쇄 인쇄 | 2014년 9월 1일
초판 1쇄 발행 | 2014년 9월 5일
주소 | 전라북도 전주시 완산구 어진길 32 (풍남동2가)
내용문의 | 063) 219-5321~2
구입문의 | 063) 219-5321~2
팩스 | 063) 219-5323
출판등록 | 2012년 8월 20일 제465-2012-000021호

값 13,000원

ISBN 978-89-98534-38-7 03910

이 도서의 국립중앙도서관 출판예정도서목록(CIP)은 서지정보유통지원시스템 홈페이지(http://seoji.nl.go.kr)와 국가자료공동목록시스템(http://www.nl.go.kr/kolisnet)에서 이용하실 수 있습니다.(CIP제어번호: CIP2014025470)